Ik kies Elena

Deze vertaling kwam tot stand dankzij een werkbeurs
van het Nederlands Letterenfonds.

N ederlands
letterenfonds
dutch foundation
for literature

Oorspronkelijke titel en uitgave:
I Choose Elena, Indigo Press, London, 2019
www.theindigopress.com
© Lucia Osborne-Crowley, 2019

Nederlandse vertaling:
© Callas Nijskens, 2020 Uitgeverij HetMoet, Open Archief #2
www.uitgeverijhetmoet.nl

Boek opmaak en zetwerk:
Omslag: Thijs Kestens, Armée de Verre, Gent
Binnenwerk: Inge Van Damme, ingedingen.be

Afbeelding omslag:
Michael Salu, www.salu.io

Drukkerij Patria Amersfoort

ISBN 9789083018348

NUR 320

#2 Open Archief – een serie van Uitgeverij HetMoet

Lucia Osborne - Crowley

Ik kies Elena

Over trauma, herinnering en herstel

Vertaling: Callas Nijskens

OPEN ARCHIEF

Voor Elena, die me leerde liefhebben zonder te lijden

INHOUD

Om uit zijn eigen as te kunnen herrijzen,

zal een feniks eerst moeten verbranden.

OCTAVIA E. BUTLER

I

Ik begroef het meisje dat ik vroeger was, omdat ze in allerlei moeilijkheden kwam. Ik probeerde haar volledig uit mijn geheugen te wissen, maar ze is er nog, ergens diep vanbinnen.

ROXANE GAY
Honger: De geschiedenis van mijn lichaam

BEGIN

Als kind deed ik aan turnen. Op hoog niveau. Tegen de tijd dat ik tien was, had ik Nieuw-Zuid-Wales al vertegenwoordigd bij de nationale kampioenschappen, en gewonnen. Op mijn twaalfde vertegenwoordigde ik Australië bij de wereldkampioenschappen.

Toen ik vijftien was, bereidde ik me voor op mijn tweede wereldkampioenschap. Ik trainde onophoudelijk.

Elke ochtend dronk ik een mix van rauwe eieren met proteïnepoeder en melk. Ik trainde zo veel dat mijn lichaam mijn spiermassa als energiebron was gaan gebruiken, waardoor er atrofie kon optreden. Vandaar die rauwe eieren: ik moest zo veel mogelijk proteïne binnenkrijgen om mijn spieren intact te houden.

Wat we bovenal moesten mijden, werd ons verteld, was zwakte. Die les nam ik ter harte. Ik liet me niet weerhouden door een paar eieren, of proteïnerepen, crunches, teenoefeningen, verticale push-ups en halteroefeningen. Ik zou mijn lichaam tot het alleruiterste drijven, en daarna nog verder.

Het soort turnen waar ik aan deed vereiste een immense mentale precisie. Ik moest volledig één worden met mijn lichaam, ieder signaal oppikken dat het me stuurde. Ik moest een heel bijzonder soort mindfulness beheersen om op een fluweelachtige turnvloer op een wereldpodium te kunnen stappen, waarlangs vijf internationale juryleden klaar zouden zitten om al mijn bewegingen te ontleden. In mijn hoofd moest het zo stil zijn, dat ik kon communiceren met elke gestrekte teen, met elk zorgvuldig balancerend been, elke vinger.

Mijn uitvoering moest perfect zijn en moest moeiteloos overkomen. Ik moest sterk zijn en gespierd en sierlijk en lichtvoetig, allemaal tegelijk. Ik moest glimlachen. Om dit allemaal gelijktijdig te kunnen, moeten je lichaam en geest volledig op één lijn zitten; sinds ik voor het laatst van de vloer stapte, ben ik er altijd van blijven dromen die balans terug te vinden. Mijn lichaam en geest, zo leek het toen, waren geheel van mij.

Ik was geobsedeerd door dit gevoel. Als ik niet aan het trainen was, nam ik balletles om de tijd door te komen.

We noemden de sportzaal ons tweede thuis. Voor sommigen van ons voelde het weleens als een eerste thuis. Elk jaar, als we ons hadden gekwalificeerd voor het nationaal team, gingen we een week lang op trainingskamp, waar we om vijf uur 's morgens opstonden om een flink stuk te gaan hardlopen, waarna we overdag drie trainingssessies hielden voordat we weer in slaapzakken kropen, op de landingsmatten op de oefenvloer. Als we niet snel genoeg wakker werden, draaide mijn coach door de gigantische speakers van de sportzaal 'Pon de Replay' van Rihanna.

Ik werd regelmatig in de lucht gegooid door een andere turner, deed dan een dubbele salto en maakte een perfecte landing. Soms moesten het hoeksalto's zijn en soms streksalto's, dus moest je hoog en hard genoeg springen om je gestrekte lichaam tweemaal te kunnen draaien voor je de vloer weer raakte. Af en toe deden we driedubbele salto's.

Andere keren deden we dubbele streksalto's met een complete schroef in de eerste draai.

We balanceerden in handstand op de handen van een andere turner en maakten daarna van ons lichaam een ronde brug – een beweging waarbij je vanuit een handstand je rug zo ver kromt dat je voeten je handen raken – terwijl de turner die ons vasthield zich in een split liet zakken. We deden ook wel eens een handstand met maar met één hand.

Zulke oefeningen zijn niet alleen ingewikkeld maar ook uiterst gevaarlijk – turners zijn overleden of verlamd geraakt doordat ze verkeerd neerkwamen. We hadden allemaal vrede met het gevaar, we kenden geen angst. Maar als je op dat niveau veilig wilt blijven sporten, dan móét je techniek perfect zijn. Je moet precies weten hoe te springen; waar je armen moeten zijn op elk punt van een dubbele salto; hoe je je benen, je borst en je vingers moet houden voor die onwankelbare handstand.

Ik kende elke centimeter van mijn lichaam zo goed, dat ik elke minieme beweging kon aanvoelen, het altijd merkte als er iets ook maar een klein beetje misging.

Een keer verprutste ik een oefening tijdens het trainen en zei tegen mijn coach dat ik die nacht slecht had geslapen, dat ik zenuwachtig was omdat ik een presentatie moest houden op school. Dit is hoe hij reageerde: 'Als jij de sporter bent die ik in jou zie, moet ik je midden in de nacht wakker kunnen maken en moet je zó je oefeningen kunnen uitvoeren, half slapend, zonder waarschuwing.'

Ik weet niet zeker of hij dit als metafoor bedoelde, om me te leren dat het maken van fouten op dit niveau van sport niet meer getolereerd werd. Maar ik nam het letterlijk: ik begon midden in de nacht op te staan om te kijken of ik drie minuten lang een vrije handstand kon volhouden.

Het enige moment dat we een dagje vrij kregen, was in de aanloop naar een grote wedstrijd. Dit noemen ze 'taperen': een manier om het lichaam en de spieren een kans te geven om te herstellen van weken- en maandenlang intensieve training, zodat ze op de dag van de competitie allemaal in topvorm zijn. Soms waren dit juist de allerzwaarste dagen; zonder het trainen – wat we het grootste deel van onze tijd deden – bleven er ineens lange uren over om ons druk te maken over de wedstrijd.

Tijdens zulke hersteldagen kregen we de opdracht ons te concentreren op de mentale voorbereiding. Al toen we negen of tien waren hadden sportpsychologen ons geleerd hoe we het best de mentale techniek van 'visualisatie' konden toepassen: een proces waarbij we stilzaten, onze ogen sloten en ons voorstelden – echt voorstelden, inclusief de geluiden en geuren en onderbuikgevoelens – hoe we onze routine uitvoerden.

Bij zo'n visualisatie richtten we ons op de manoeuvres of delen van de routine waar we het meest tegenop zagen, tot we er zeker van waren dat we die elementen perfect uitvoerden.

We kregen de opdracht onze ogen te sluiten en ons precies voor de geest te halen hoe perfectie aanvoelde: de hoek waarin we van de vloer kwamen, het gevoel in de ballen van onze voeten terwijl we een aanloop namen, de indruk, als we in de lucht hingen, dat we de sprong en de draai precies goed hadden aangezet, het gevoel van weten, lang voordat we de grond raakten, dat we een perfecte landing zouden maken.

Ik heb zo vroeg in mijn leven zo veel geleerd over mindfulness, over spiergeheugen, over de wijsheid van het lichaam, maar het werd allemaal van me afgenomen, waarna ik het wegstopte in een donker, stoffig hoekje van mijn ziel dat ik pas tien jaar later weer durfde op te zoeken.

Dan brak de dag van de competitie aan. Mijn Iers-Brits-Australische ouders hadden een klein gouden klavertjevier gekocht om in elk van mijn wedstrijdturnpakjes te naaien als geluksbrenger. Op de dag van de competitie werd ik wakker en at precies wat mijn coach me altijd had voorgeschreven: gesmolten kaas op witte rijst. 'Koolhydraten en proteïnen,' zei hij altijd. 'Verder niets.'

We trokken onze wedstrijdpakjes aan, spoten onze kapsels in met bussen haarlak om ze in vorm te houden, bedekten ons gezicht met make-up die paste bij de uitvoerig versierde turnpakjes en bij de verhalende choreografie. In de oefenzaal, meestal achter in het gebouw, was ik altijd één bonk zenuwen. Maar dan zei mijn coach 'Het is tijd' en begonnen we aan de lange weg door de gang, naar de wedstrijdzaal. In de gang zakten mijn zenuwen elke keer weer helemaal weg.

In die gang wist ik dat ik kon doen wat ik moest doen en

ik wist dat ik het perfect zou doen. Het is een gevoel dat ik sindsdien nooit meer opnieuw heb weten op te wekken.

Om de hoogste scores te halen, moesten we glimlachen naar de jury, werd ons altijd verteld; we moesten glimlachen ook al hadden we pijn, ook al waren we uitgeput. Maar mij kostte dat geen moeite. Al deed je nog zo je best, mij kon je er niet van weerhouden te stralen op die wedstrijdvloer. Ik heb wel eens gehoord dat ik onder vooraanstaande nationale juryleden 'het meisje met de glimlach' werd genoemd.

In die jaren hoefde ik mijn glimlach nooit te veinzen. Ik was in mijn tak van sport een van de beste atleten van het land en ik wist het. Maar het probleem met tienermeisjes is dat de buitenwereld zich op een gegeven moment in zo'n verhaal binnendringt, en dan zonder jouw medeweten of toestemming je blik op je eigen lichaam verandert.

We verwelken onder de roofzuchtige blik van perverse mannen die ons maken tot een object voor publiekelijke consumptie. In dat licht vallen we zo sterk op dat we op den duur gaan denken dat het alles is wat we zijn. In dat licht willen we onzichtbaar worden.

In dat licht dromen we dat we uiteindelijk verdwijnen.

———

In Elena Ferrantes vierluik, dat nu bekend staat als haar Napolitaanse romans, vertelt ze het verhaal van twee jonge vrouwen, Elena en Lila, beste vriendinnen en vertrouwelingen, die opgroeien in het Napels van de jaren '50 en '60. De romans beschrijven de waarheid van een vriendschap: de liefde, de jaloezie, de complexiteit, de nuance.

Het verhaal begint bij het eind, als Elena, de verteller, de zestig is gepasseerd en Lila vermist wordt. Ze neemt dit nieuws in ontvangst alsof het om een weerbericht gaat. Want, zo vertelt ze de lezer, Lila had altijd onzichtbaar willen worden:

> Al minstens drie decennia vertelt ze me dat ze wil verdwijnen zonder sporen na te laten, en alleen ik weet precies wat ze daarmee bedoelt. [...] Ze wilde in het niets oplossen; ze wilde elke cel van zichzelf laten verdwijnen, er moest niets meer van haar overblijven.

Iedereen die zich ooit in een vrouwenlichaam door de wereld heeft bewogen, zal weten hoe het voelt om onzichtbaar te willen zijn. Uiteindelijk komt Lila nooit over dit gevoel heen. Ze vindt een manier om te verdwijnen.

Ik neem het haar niet kwalijk. Een van de moeilijkste lessen in het leven van een vrouw is om dit gevoel te overwinnen. Het is een constante oefening in overleven.

Wat ik nu ga vertellen is een verhaal over het afleren van dit verlangen te verdwijnen: over het volharden in het bezielen van mijn lichaam, over vorm, structuur en substantie geven aan mijn zelf. Het is een verhaal over leren gezien te worden.

II

Waarom zou iemand zijn lichaam willen verlaten?
lachte hij,
En op dat moment hadden we niets, maar dan ook niets
met elkaar gemeen.

BLYTHE BAIRD
'*For the Rapists Who Called Themselves Feminists*'

EINDE

Het was augustus 2007, een regenachtige winteravond in Sydney. Ik was op die zaterdagavond uitgegaan met drie vriendinnen naar een smoezelige karaokebar die rook naar schimmel, vocht en zweet.

We dronken Vodka Cruisers en zongen gemene liedjes over jongens die hard-to-get speelden. Ik bracht een echt belabberde versie van Justin Timberlake's *Cry Me a River* ten gehore, waarbij ik zonder gevoel voor poëzie, subtiliteit of tact aan het eind van elk refrein de naam van de jongen die ik achternazat plakte. Mijn vriendinnen deden mee. Het was zó fijn om in een ruimte te zijn waar we, met een veilig gevoel en zonder door bekenden te worden bekeken, konden schreeuwen over de jongens die ons te kort hadden gedaan.

Het turnen nam een groot deel van mijn tijd in beslag, maar ik had ook een ander leven. Het leven van een gewoon tienermeisje. Het leven van een meisje dat grip probeert te krijgen op de puberteit en vrouwelijkheid en seks en alcohol en alles daartussenin. Wanneer ik niet aan het trainen was, leidde ik een uitbundig tweede leven als een extraverte middelbare scholier die hoge cijfers haalde, omringd door lieve vriendinnen.

Om te bewijzen dat ik *chill* was, speelde ik in de pauze handbal met de jongens. Ik was bijdehand en zelfverzekerd.

Een vriendin van de middelbare school zegt dat ik, de eerste keer dat ze me zag, toen we elf waren, mijn klasgenoten de verschillen aan het uitleggen was tussen de theorie en praktijk van het communisme.

Ik viel als een blok voor jongens die niet in mij geïnteresseerd waren en bracht mijn tijd door met in- en uitloggen bij MSN Messenger in de hoop dat ze zouden zien dat ik online was. Het heeft nooit gewerkt. Hier volgt een zwaarbevochten les van mijn zesentwintigjarige zelf: als je iemand moet herinneren aan het feit dat je bestaat, is hij je tijd niet waard.

Op mijn dertiende had ik voor het eerst een vriendje. Hij zat in een band, luisterde naar precies dezelfde muziek als ik, en ik was helemaal stapel. Ik weet niet meer of we ooit echt iets samen deden, maar ik weet nog wel dat ik vol trots op zijn schoot zat en zijn hand vasthield op feestjes waar al onze vrienden bij waren.

Maar toen zag iemand hem met een ander meisje zoenen in de bus. Mijn hart brak. Mijn beste vriendin gooide een basketbal naar zijn hoofd.

Ik werd verkozen tot vicevoorzitter van de studentenraad, wat bij ons op school nogal wat voorstelde. Ik zette me heel actief in voor de sociale cohesie op school, organiseerde een rozenactie op Valentijnsdag en schooldisco's. Ik stond in de bloei van mijn leven op meer dan één vlak. Ik studeerde hard. Ik maakte nieuwe vrienden en onderhield die vriendschappen ook. Elke avond belde ik na de training met mijn huistelefoon naar hun huistelefoon en dan zaten we uren te kletsen, ook al zagen we elkaar de volgende ochtend weer. Ik krabbelde songteksten van Kelly Clarkson in mijn schoolagenda tijdens de wiskundeles, terwijl de jongens in het lokaal briefjes doorgaven waarop ze de meisjes op hun uiterlijk en karakter beoordeelden op een schaal van een tot tien. De wereld van tieners is genadeloos.

Hetzelfde jaar dat ik verkozen werd tot vicevoorzitter, werd ik vrienden met de jongens die een jaar hoger zaten dan ik. Ik ging voortaan naar hun feestjes, waar ik twintig minuten lang zenuwachtig voor de deur stond te treuzelen voor ik naar binnen ging, met een Vodka Cruiser in mijn hand, klaar om me te mengen tussen de mensen die erbij hoorden. Het was, uiteraard, een van deze jongens over wie ik op die karaokeavond *Cry Me a River* zong.

Die avond in 2007 besloten we rond negen uur weg te gaan uit de karaokebar omdat ons geld op was. Toen we de krakende trap naar de uitgang hadden bestegen, stonden we opeens in de stralende lichten van Sydneys Pitt Street. Aan de overkant van de weg torende de McDonald's op de hoek boven ons uit. We hadden honger. We staken de weg over, die kant op.

Een groepje van vier volwassen mannen kwam op ons af en begon met ons te praten. Doelbewust, zo besefte ik later, leidden ze mijn drie vriendinnen af, terwijl een vijfde man uit het niets achter me verscheen en zijn hand in de mijne schoof. 'Kom mee', fluisterde hij.

De vier andere mannen stonden om mijn drie vriendinnen heen en niemand merkte ons vertrek op. Hij klemde mijn hand zo hard vast dat ik dacht dat hij mijn vingers zou breken. Hij leidde me de McDonald's in, richting een deur aan de linkerkant van de ruimte. We gingen een trap op, waar de openbare wc's waren. Hij bleef doorlopen.

Hij nam me nog een trap op, naar een stoffig openbaar toilet dat niet meer in gebruik was. Misschien was het een oude personeels-wc, of misschien gewoon een extra herentoilet dat het filiaal niet meer nodig had. Het was er leeg en er heerste een doodse stilte.

Hij nam me mee een hokje in, deed de deur op slot en verkrachtte me, keer op keer op keer.

Ik had nog nooit seks gehad, dus had ik geen referentiekader voor wat er allemaal met me gebeurde behalve wat ik in films had gezien, maar ik wist zeker dat dit de scherpste en ergste pijn was die ik ooit had gevoeld.

Als je wel eens over trauma hebt gelezen, weet je dat het autonoom zenuwstelsel van het lichaam drie opties biedt in zo'n situatie: vechten, vluchten of bevriezen.

Ik reikte éénmaal naar het slot van de deur, maar hij schoof zijn lichaam ervoor en ging niet meer aan de kant. Vluchten, zo zag mijn lichaam meteen in, was geen optie.

Vechten. De man was een jaar of vijfendertig en bestond bijna volledig uit spieren. Hij zag eruit alsof hij het grootste deel van zijn volwassen leven in de sportschool had doorgebracht. Ik woog toen nog net iets meer dan veertig kilo, trouw aan mijn atletische ambitie.

Ik probeerde mezelf éénmaal ver genoeg van hem af te duwen, zodat ik om hem heen bij de deur zou kunnen. Op dat moment haalde hij een zakmes tevoorschijn en zette het tegen mijn keel. Vechten was ook onmogelijk.

Als de eerste twee opties wegvallen en het gevaar nog steeds niet geweken is, stuurt het autonoom zenuwstelsel een signaal naar de hersenen dat de dood snel zal volgen en begint het lichaam zich voor te bereiden.

Het lichaam maakt zijn sterkste natuurlijke pijnstiller aan en sluit de signalen van alle grote zenuwbanen af.

De hersenen komen dan in een staat van dissociatie terecht. Op dit soort momenten voelt het alsof je boven je eigen lichaam zweeft, geduldig meekijkend, wachtend, zonder ook maar iets te voelen. Het gevoel van kalme dissociatie verspreidt zich van het hoofd naar de spieren en naar de aders zelf, helemaal tot op het bot.

Een ander onderdeel van de bevriesreactie wordt in de traumatheorie 'verlamming' genoemd. Ook deze reactie treedt op wanneer het lichaam beseft dat de dood nabij is. De verlammingsreactie bestaat uit het uitschakelen en slap worden van alle spieren die nodig zijn voor de ontsnapping, omdat ontsnappen niet meer mogelijk wordt geacht. Het lichaam houdt op te vechten. Het geeft zich over. Zodra ze volledig verslapt zijn, houden de spieren op zich te verzetten tegen wat het ook maar is dat het lichaam probeert te schaden, zodat de dood sneller in zal treden. Met meer genade.

De staat van verlamming wordt ingeschakeld op het punt van totale hulpeloosheid. Meestal gaat deze staat gepaard met een gedachte, of een gevoel, dat het gevecht voorbij is. Ik kan me dit moment helder herinneren: toen mijn belager het mes hard tegen mijn keel drukte, dacht ik bij mezelf: Als hij klaar is, gaat hij me vermoorden.

Tijdens deze momenten van kalmte verkennen de hersenen de situatie nog één laatste keer op zoek naar ontsnappingsmogelijkheden. In de meeste traumatische situaties is het juist dit moment, wanneer het lichaam zich verzoent met de dood, dat het verstand een manier vindt om te overleven.

Ik zag een glazen fles rechts van de wc-pot staan, half tegen de deur aan. Ik boog voorover – zonder op dat moment iets van de pijn in mijn lichaam te voelen – greep de fles en sloeg hem kapot tegen de porseleinen rand van de toiletpot. Hoewel hij er maar een paar seconden van opschrok, was het genoeg. Terwijl hij de bron van de harde knal probeerde te vinden, van het vliegende glas en van het galmen dat ontstond toen mijn elleboog door de kracht waarmee ik het glas had gebroken terugkaatste tegen de deur van het hokje, reikte ik naar de deur, ontgrendelde die en rende weg.

Ik rende de trap af. Mijn vriendinnen zagen er wanhopig uit toen ik ze terugvond; ze keken driftig de hele straat rond, in paniek, zich afvragend waar ik gebleven was. Met zijn vieren renden we de hoek om en ik stortte in.

Het enige wat ik me van die momenten kan herinneren is het geluid van mijn eigen gehijg, de kracht waarmee ik met mijn handen naar mijn buik greep, mijn taaie keelkreten en de enige woorden die ik kon uitbrengen: 'Het doet pijn.'

Mijn oudste vriendin sprong op en rende in de richting van de belager, maar hij was al weg. Geen van ons zou hem ooit nog terugzien.

Toen ze terugkwam, stopte er een taxi langs de weg met zijn gele licht aan en ik weet nog dat ik volhield dat het wel ging en dat ik gewoon naar huis moest. Ik perste mezelf de auto in en gaf de chauffeur mijn adres en hoopte tegen beter weten in dat ik juist die avond nog genoeg geld van de karaoke opzij had gehouden voor de rit naar huis, zoals ik normaal altijd deed. Op de achterbank bleef mijn lichaam ongecontroleerd schokken.

Ik glipte het huis binnen, zorgde dat mijn ouders niet merkten dat ik via de zijdeur binnenkwam. Ik wilde niet dat ze zich druk zouden maken. Mijn kamer lag achter in het huis, met een eigen badkamer, dus het was niet moeilijk om hen te ontwijken. Terwijl ik de douche in struikelde liet ik overal bloed achter; daarna staarde ik afwezig een betegelde afgrond in, met als enige gedachte het geluid dat dik glas maakt als het uiteenspat.

De volgende ochtend stond ik op als gewoonlijk. Ik waste de muffe sigarettenlucht uit mijn haar. Ik vertelde mijn coaches dat ik door mijn enkel was gegaan, zodat ik de sporthal kon mijden zolang de blauwe plekken moesten helen. Die maandag ging ik naar school en vertelde verhalen over de afgezaagde popnummers die we hadden gezongen over de gênante verliefdheden waar we maar niet overheen kwamen. Ik wachtte tot de blauwe plekken weg waren en ging weer verder met trainen. Ik vertelde het aan niemand. Mijn vriendinnen wisten dat er iets was gebeurd, maar ik wuifde al hun vragen weg en we hadden het er nooit meer over. Ik durfde niet meer terug te komen op die avond. Wij allemaal niet. We waren nog maar kinderen.

Ik was vijftien.

Het was ook rond deze tijd dat mijn vriendinnen door hun eerste vriendjes ontmaagd werden en we konden nergens anders over praten. Ik drukte de pijn en het trauma van deze gebeurtenis zo ver weg naar de donkerste hoekjes van mijn ziel dat het enige waar ik die weken daarna nog aan kon denken, was of ik nu wel of geen maagd was.

Wat zou ik zeggen, de volgende keer dat iemand het me vroeg? Het zou een leugen zijn als ik zei dat ik nog nooit seks had gehad, maar dat was veel beter dan ook maar iets vertellen wat in de buurt kwam van de waarheid. De waarheid was onuitspreekbaar.

Via Myspace sprak ik regelmatig met een jongen van mijn middelbare school die ouder was dan ik en net was geslaagd. Ik begon bij hem langs te gaan als zijn ouders niet thuis waren. Na een paar ontmoetingen vroeg hij of ik ooit seks had gehad en ik zei nee. Ik greep de gelegenheid met beide handen aan.

Die dag werd de vraag rondom mijn maagdelijkheid eens en voor altijd beantwoord. Het was 22 januari 2008. Dat weet ik omdat Heath Ledger die dag was overleden en we het er over hadden in de auto toen hij me thuisbracht.

Die ervaring voelde bijna net zo erg als de verkrachting zelf, behalve dat deze nog meer schaamte opwekte, omdat ik ervoor gekozen had. Mijn lichaam brandde nog dagenlang na en er bleef een stekende pijn achter in mijn onderbuik.

'Nooit meer,' beloofde ik mezelf.

Hij bracht me naar huis en praatte daarna niet meer met me, zoals te verwachten van een achttienjarige jongen. Ik was helemaal overstuur, waarschijnlijk volslagen buitenproportioneel, omdat ik had gedacht dat vrijwillige seks mijn verkrachting zou uitwissen. Maar het was niet gelukt.

Het condoom was gescheurd, dus stond ik de volgende dag, nog geen zestien jaar oud, bij de apotheek te wachten op de morning-afterpil. De pijn in mijn buik was zo hevig dat ik tegen de grond ging toen mijn vriendin en ik de apotheek verlieten. Dus ging ik maar verder met doen alsof er niets was gebeurd, en beloofde mezelf dat ik de rest van mijn leven niet meer aan seks zou denken of erover zou praten. Met deze strategie verliep alles een tijdlang zo goed als vlekkeloos, maar op mijn meest kwetsbare en labiele momenten ontsnapten delen van het gebeurde naar buiten. Toen ik een keer op een feestje dronken was, vertelde ik het aan een bijna wildvreemde.

'Ik ben verkracht', fluisterde ik haar met een dubbele tong toe. Ik zag haar maanden later pas weer terug, toen ze verscheen op mijn eigen huisfeestje, me warm omhelsde en zei: 'Ik zal het aan niemand vertellen.' Toen een vriendin en ik negentien waren, had iemand iets in onze drankjes gedaan en vertelde ik haar het verhaal, keer op keer op keer, steeds weer hetzelfde refrein van hetzelfde afschuwelijke liedje.

Wanneer zulke stukken van het verhaal uit me naar buiten lekten, herkende ik ze nauwelijks als de mijne. Ik twijfelde eraan of de herinnering wel echt was. Ik groef ernaar in mijn geheugen, maar kon alleen fragmenten vinden die weigerden op elkaar aan te sluiten op zo'n manier dat ik er vat op kon krijgen. Ik overtuigde mezelf ervan dat ik het me had ingebeeld. Dat project maakte de willekeurige maar semi-regelmatige bekentenissen aan vreemden alleen maar verontrustender. Ik schaamde me dat ik had bekend wat me was overkomen, maar daarna wees ik mezelf op het verhaal dat ik in het leven had geroepen om de eerste schaamte te verzachten: dat het helemaal niet echt gebeurd was. Ik schaamde me voor een leugen die ik niet verteld had, maar na een tijdje besefte ik dat ik makkelijker kon leven met de schaamte van het denken dat ik had gelogen dan met de schaamte van het toegeven dat dat niet zo was.

Jaren later zou ik *The Body Keeps the Score* tegenkomen, van dr. Bessel van der Kolk, in het Nederlands vertaald als *Traumasporen*. In dit magnum opus wordt een beschrijving gegeven van de neurobiologische, psychosociale en psychiatrische aspecten van posttraumatische stress. Het geeft een beeld van de manieren waarop traumatische gebeurtenissen een blijvende invloed kunnen hebben op het immuunsysteem, het zenuwstelsel, het spierstelsel en de hersenen.

Ongeveer twee jaar na mijn verkrachting werd ik geveld door een ondraaglijke pijn in mijn buik, zo hevig dat ik ervan moest overgeven. Ik begon overal te bloeden. Er stroomde bloed langs mijn benen en het vormde een plas rond mijn voeten. Ik viel flauw. Vanaf dat moment drong zich steeds onvrijwillig het beeld aan me op van een mes dat in mijn vagina werd gestoten. Traumawetenschappers noemen dit een 'sensorische herbeleving'; mijn lichaam probeert zich te herinneren hoe de verkrachting aanvoelde, maar omdat de herinnering zelf is weggedrukt, bedenken de hersenen een alternatieve herinnering om het gevoel te duiden. Voor zo ver ik weet, heeft mijn belager nooit echt zijn mes in me gestoken, maar dit is hoe mijn lichaam het gevoel interpreteerde dat mijn geest weigerde te erkennen.

Dit gebeurt vlak voordat er echte fragmenten van de herinnering terugkomen in het bewustzijn. Het is een teken dat de herinnering je op de hielen zit, je probeert in te halen. Ik bleef rennen, rende harder, weg van hem, van de herinnering, van de pijn. Maar het mocht niet baten. Ik begon nachtmerries te krijgen over de verkrachting, in kleine fragmenten, en dan schreeuwde en beefde ik wanneer ik wakker werd en schaamde ik me dat ik hem weer in mijn hoofd had binnengelaten.

Toen mijn lichaam in de loop van de daaropvolgende jaren fysiek achteruit ging, ging ik ervan uit dat het compleet ongerelateerd was aan de gebeurtenis die ik zo hard had proberen te vergeten. Ik raakte mijn evenwichtsgevoel kwijt en elke vorm van verbondenheid met mijn lichaam. Ik was niet meer in staat om turnmanoeuvres uit te voeren die ik al lang geleden onder de knie had gekregen. Mijn trainers en medesporters wisten dat er iets mis was, maar als ze ernaar vroegen, kon ik het niet uitleggen. Ik verloor alle gevoel van een lichamelijk zelf. Ik begon blessures op te lopen tijdens het trainen, doordat ik niet meer precies wist waar de verschillende delen van mijn lichaam begonnen en ophielden. Ik weet nog dat ik mezelf bijeenraapte nadat ik een rampzalig korte rotatie had ingezet voor een arabier-flikflak-streksalto en ik door de sportzaal keek om te zien of er iets was dat mijn val kon verklaren. Was de mat onder me verschoven? Was ik gestruikeld over een verdwaalde enkelband van een andere turnster? Er dienden zich geen antwoorden aan.

In de traumaliteratuur wordt dit beschreven als een verlies van 'proprioceptie': het vermogen van de hersenen om effectief de relatie tussen het lichaam en alles eromheen in te schatten. Met proprioceptie vertellen de hersenen aan het lichaam hoe het zich door de wereld moet bewegen, hoe het de kleinste bewegingen kan beheersen, hoeveel ruimte het in beslag neemt.

Ik las ooit dat het katten lukt om zich in opmerkelijk kleine plekjes te wringen, doordat de lengte van hun snorharen in hun biologie zit ingebouwd zodat de puntjes precies net zo ver uitsteken als het breedste deel van hun lichaam. Ze gebruiken ze als een soort proprioceptieradar. Opeens was ik dat zintuig kwijt, kon ik me niet meer oriënteren, wist ik nooit zeker in welke delen van de wereld ik zou passen en in welke niet. Ik maakte een flinke val tijdens de try-outs voor mijn tweede wereldkampioenschappen. Ik had mijn enkel zo zwaar geblesseerd dat mijn sportarts zei dat ik mazzel had als ik ooit weer zou kunnen joggen. Sindsdien heb ik nog amper een voet op de turnvloer gezet.

Toen ik het werk van de psychiater Peter Levine las, leerde ik ook dat er op de avond van de verkrachting iets anders belangrijks had plaatsgevonden in mijn hersenen. De manier waarop we herinneringen bewaren kan grofweg in twee categorieën worden verdeeld: expliciete en impliciete herinneringen. Herinneringen van de expliciete variant kunnen we bewust ophalen, als een geheel. Ze zitten in de hersenen opgeslagen in de vorm van een narratief, als verhalen over ons leven. Impliciete herinneringen, aan de andere kant, zijn onbewust. Ze zitten in ons lichaam, in de spieren en gewrichten en het bloed. Het lichaam herinnert zich hoe het bepaalde procedures moet uitvoeren zonder erover na te denken. Dit is het 'spiergeheugen'.

Dus daar stond ik, vijftien jaar oud, met tien jaar aan impliciete herinneringen op zak. Mijn spieren kenden het gevoel van een perfecte handstand, van de juiste aanloop voor een salto. Ik had nooit over die zaken hoeven nadenken, de aanwijzingen zaten diep in mijn botten genesteld.

Maar wat er die avond in 2007 op het toilet gebeurd was, was zo acuut levensbedreigend, dat het een nieuwe, veel sterkere impliciete herinnering in mijn hersenen heeft gekweekt: de kennis van hoe het lichaam bevriest als het hoort te ontsnappen, het hyperbewustzijn waarmee het lichaam gevaar bespeurt, de absolute noodzaak weg te rennen. Omdat deze impliciete herinneringen, vanuit evolutionair perspectief, veel belangrijker zijn dan alledaagse handelingen zoals douchen, aankleden, thee zetten, nemen ze de hersenen over. De psychiater Robert Jay Lifton beschrijft deze nieuwe, overheersende impliciete herinneringen als een 'onuitwisbaar beeld'. Een 'doodsimprint'.

Op momenten van levensgevaar is deze staat van verlamming nuttig, maar als we dit eenmaal hebben meegemaakt en overleefd, kunnen de hersenen zich herschikken om hyperbewust te reageren tijdens ieder volgend moment van hulpeloosheid, of het nu ernstig of levensbedreigend is of niet, en kan het zijn dat we regelmatig in een staat van verlamming raken. Dan bevriezen we als er een auto luidruchtig voorbijrijdt, of als er een deur te hard wordt dichtgegooid, als er plotseling gelach klinkt vanaf een nabije tafel in een restaurant.

De vecht-, vlucht- of bevriesreactie van mijn lichaam werd mijn enige vorm van impliciet geheugen en ze vernietigt, net als het trauma zelf, alles op haar pad. Het spiergeheugen van de perfecte vorm en techniek waar ik mijn hele leven op had geoefend, was in een paar seconden uitgewist door de noodzaak te overleven.

Het verlies van mijn atletische zelf viel zwaar, en ik deed nog maandenlang alsof ik er wel overheen kon komen, kon terugkeren naar mijn turnwereld alsof er niets was gebeurd. Diep van binnen wist ik dat het voorbij was, maar het was vernietigend om dit feit te accepteren.

Dat heb ik met de meeste dingen. Ik heb ontzettend veel moeite met het verwerken van acceptatie en verlies. Ik ben overdreven sentimenteel. Ik koester dingen. Ik klamp me vast aan herinneringen, zelfs als de afstand zo groot is geworden dat ze aanvoelen als fantasieën. Ik klamp me vast aan fantasieën alsof het herinneringen zijn. Zoals het bekende citaat van David Foster Wallace luidt: 'Er zitten sporen van klauwen op alles wat ik ooit heb losgelaten.'

Soms denk ik dat dit op mijn grafsteen zou moeten komen te staan.

Terwijl ik het einde van mijn sportcarrière aan het verwerken was, begonnen mijn organen een reeks problemen te vertonen die zich opstapelden, ontwikkelden en van vorm veranderden in de loop van de zeven jaren die volgden. Eerst was het mijn blaas, daarna mijn blindedarm, toen mijn baarmoeder, later mijn darmen. Mijn lichaam, dat ooit zo gehoorzaam was geweest, begon af te takelen.

Ik sloeg het gade alsof ik buiten mezelf stond, alsof ik een roestbak sputterend tot stilstand zag komen en vlam zag vatten. Ik kon op geen enkele wijze bevatten wat er aan de hand was, dus in plaats van de schade op te nemen, rende ik ervoor weg, liet ik mijn huls van een lichaam achter waar het neerviel en bleef ik het jarenlang negeren.

———

Hier volgt wat ik nu weet over waar mijn lichaam mee bezig was terwijl ik deed of ik het weg kon wensen. Als een alledaagse gebeurtenis is afgerond, plaatsen de hersenen die in een serie, om te begrijpen hoe elk moment, elke gebeurtenis, heeft geleid tot die erna, en om de ervaring te analyseren op basis van dit narratief.

Maar traumatische herinneringen blijven steken. Ze kunnen niet in een samenhangend narratief worden gepast, en in plaats daarvan blijven ze vastzitten in de hersenen, als flarden van licht, geluid en geur – losse fragmenten van een ondraaglijke herinnering die op de zwakste momenten van de psyche beginnen uit te lekken. Dit zorgt ervoor dat de hersenen deze stimuli niet herkennen als gebeurtenissen uit het verleden, maar op deze fragmenten van herinnering reageren alsof de gebeurtenis nog steeds gaande is.

Het deel van de hersenen dat verantwoordelijk is voor het maken van onderscheid tussen verleden en heden – de hippocampus – raakt ontregeld en elke keer dat ze aan de ervaring worden herinnerd, vervallen de hersenen weer in de vecht-, vlucht of bevriesmodus. Het verleden golft het heden binnen, keer op keer op keer.

De hippocampus is nauw verbonden met de amygdala, het deel van de hersenen dat verantwoordelijk is voor onze meest basale emoties: angst, plezier, veiligheid, rouw. Als de hippocampus niet in staat is een herinnering op te slaan als een ervaring uit het verleden, worden we gedwongen de ervaring opnieuw te beleven, telkens als de amygdala gevaar ruikt – of dat nu een indruk van feitelijk gevaar is of een fragment van de traumatische herinnering zelf; en het kan zoiets onschuldigs zijn als een bepaald liedje, de roep van een specifieke vogel, het breken van een wijnglas dat tijdens een etentje wordt omgestoten.

In tegenstelling tot andere herinneringen die veilig opgeslagen kunnen worden door de hippocampus, blijven traumatische herinneringen vers. Ze liggen op de loer en bewegen zich vervolgens als adem door ons lichaam. Een doodsimprint.

Die verwarring breidt zich vervolgens uit naar het hele zenuwstelsel. Het menselijk autonoom zenuwstelsel heeft twee afzonderlijke delen: het orthosympatisch zenuwstelsel en het parasympatisch zenuwstelsel. Het orthosympatisch zenuwstelsel zet de vecht-of-vluchtreactie in gang, en het parasympatisch zenuwstelsel doet het tegenovergestelde: dat heeft als taak het lichaam tot rust te brengen als de dreiging voorbij is.

Iemand die een trauma heeft opgelopen, heeft een gevaarlijk overactief orthosympatisch zenuwstelsel. Het schakelt de vecht-, vlucht-, of bevriesreactie in zodra het ook maar het kleinste teken van gevaar ziet, of als het wordt herinnerd aan de traumatische gebeurtenis. Het parasympatisch zenuwstelsel raakt afgezwakt en disfunctioneel: de gangbare manieren om het lichaam tot rust te brengen, werken steeds slechter terwijl het orthosympatisch zenuwstelsel het langzamerhand overneemt.

Als dit de kans krijgt om weken-, maanden- of zelfs jarenlang door te gaan, heeft het een intens schadelijk effect op het lichaam. Het autonoom zenuwstelsel schakelt alle functies uit die niet nodig worden geacht voor het ontsnappen, en stuurt bloed en zuurstof naar de grote spiergroepen, die klaarstaan om weg te rennen. Alles wat niet nodig is om onmiddellijk te vluchten, wordt tot stilstand gebracht.

Dit betekent dat bij mensen met een trauma, de primaire organen van het lichaam – maag, lever, nieren en darmen – bevriezen, soms wel urenlang, soms iedere dag, telkens wanneer het autonome zenuwstelsel getriggerd wordt door een herinnering of een glimp van angst. Deze organen moeten zich dan opnieuw opstarten zodra het parasympatische zenuwstelsel zich weer inschakelt. Dit leidt tot een vermoeiend proces van bijna constante stagnatie en wederopleving. Uiteindelijk beginnen de organen en stelsels te bezwijken onder alle druk.

Hoe langer lichamelijk geweld of een ongeluk in zenuwstelsel, spieren en hersenen blijft hangen zonder aangekaart of behandeld te worden, hoe groter de kans dat het zich gaat uiten als een systematische lichamelijke stoornis of disfunctie. De patiënt gaat een toekomst tegemoet die wordt bepaald door ziekte als boetedoening voor het niet kunnen ontsnappen aan een ondraaglijk verleden.

Artsen denken tegenwoordig dat de verstoorde reactie van het maag-darmstelsel op onbehandeld trauma een van de oorzaken kan zijn van stoornissen in de buikholte zoals het prikkelbaredarmsyndroom, de ziekte van Crohn en endometriose. Volgens nieuw onderzoek is het mogelijk dat de lichamelijke effecten van trauma op de lange termijn ook multiple sclerose, migraine, fibromyalgie, bepaalde vormen van kanker en algemene chronische pijn kunnen veroorzaken.

Dit onderzoek staat nog in de kinderschoenen en er zijn, uiteraard, ook ander oorzaken voor deze aandoeningen. Maar voor het eerst wordt door de medische wereld erkend dat onbehandeld trauma een – of meer – van deze aandoeningen kan veroorzaken.

Het was nooit in me opgekomen dat mijn lichamelijke kwalen, die allemaal op hetzelfde moment, op dezelfde plek in mijn lichaam de kop op staken, een gemeenschappelijke oorzaak konden hebben.

En misschien hebben ze dat wel niet. Er bestaat geen exacte formule voor oorzakelijkheid, hoe graag we dat ook zouden willen. Mijn chronische lichamelijke aandoeningen kunnen door allerlei dingen zijn veroorzaakt, of door een complexe combinatie van verschillende factoren, of gewoon door pech. Ik zal het nooit zeker weten.

Er is wel één ding dat ik eindelijk zeker weet: links- of rechtsom, het lichaam houdt de score bij.

III

Dit huis staat nu leeg. –

RUPI KAUR
'Huis'

ABSTRACTIES

In december 2009, twee jaar na de verkrachting, werd ik opgenomen in het ziekenhuis voor acute buikpijn die samenging met een alarmerende hoeveelheid bloedverlies en overgeven. Een specialist in seksueel misbruik zou me bijna tien jaar later uitleggen dat deze timing precies klopt met de voorspellingen over de ontwikkeling van fysiologische symptomen na seksueel trauma.

Jaren later zou ik gediagnosticeerd worden met endometriose en de ziekte van Crohn, allebei orgaanstoornissen die volgens artsen verband kunnen houden met onbehandeld trauma. Maar het proces om tot die diagnoses te komen was ontmoedigend en pijnlijk en vernederend. De dag waarop het allemaal begon, kan ik me nog zo helder voor de geest halen: 17 november 2009; ik zat op de afdeling spoedeisende hulp van een ziekenhuis in Sydney, helemaal dubbelgevouwen van de pijn, en vroeg me af wat er in hemelsnaam met me aan de hand kon zijn. Ik besefte op dat moment nog niet hoe vaak ik dit nog zou moeten meemaken.

De artsen stonden perplex. Mijn symptomen pasten niet duidelijk bij elkaar. Ze konden het overgeven niet verklaren. In mijn urinemonster zat een uitzonderlijk hoog gehalte witte bloedcellen en ik had koorts, maar leek geen infectie te hebben. Ik heb die nacht drie verschillende artsen gezien, allemaal met een frons en een nauwelijks verholen gebrek aan geduld. Ik was bang dat ze niet wisten wat er mis met me was. Ik was uitgeput door de angst en de morfine. Ik voelde me schuldig omdat ik de artsen zo hard liet werken.

Tegen het ochtendgloren besloten de artsen me, bij gebrek aan een betere verklaring, te behandelen voor een blaasontsteking. Via een infuus vulden ze mijn lichaam met antibiotica; het druppelende geluid hypnotiseerde mijn bedwelmde geest.

Maar de pijn ging niet weg. Er zouden nog veel opnamen op de eerste hulp nodig zijn voordat ik naar een specialist werd doorverwezen. Elke keer zat ik daar urenlang op de groene stoelen van de wachtkamer, tot ik weer werd afgevoerd voor een echo of een gesprek met een arts of een bloedafname. Er was altijd wel iets enigszins zorgwekkends te zien – een ontsteking in mijn bloed, vreemde bewegingen op de echo – maar niets eenduidigs. Dus behandelden ze me maar weer voor een blaas- of bekkenontsteking en stuurden me weer naar huis. Ik kreeg het gevoel dat ze me liever zagen gaan dan komen.

Tijdens een van die nachten op de eerste hulp was de pijn zo hevig dat ik nauwelijks nog kon ademen of praten. Op de plakkerige groene stoelen raakte ik kort buiten bewustzijn. De artsen dachten dat ik misschien een blindedarmontsteking had. Dat had ik niet.

Na die opname raadden de artsen me aan een gynaecoloog op te zoeken. Ik gehoorzaamde. Ik maakte een afspraak bij een vrouw van wie ik de naam niet meer weet, en wier gezicht ik me nauwelijks meer kan herinneren. In feite herinner ik me bijna niets meer van die afspraak, behalve de bezorgdheid in haar stem toen ik mijn symptomen uiteenzette. Ik vertelde haar dat ik bijna altijd pijn had. Ik schatte het niveau ervan in als een acht op een schaal van één tot tien. Ik zei dat de pijn niet in golven kwam, nee. Hij was constant aanwezig. Ik leerde wat het woord 'koliek' betekende.

Ik vertelde haar dat de pijn het grootste deel van de dag erg scherp aanvoelde, als een dolk. Ik vertelde haar dat hij soms doffer werd en meer leek op menstruatiepijn of de spierpijn die ik me herinnerde van mijn dagen als turnster. 'Op die momenten', zei ik, 'zou ik hem waarschijnlijk maar een zes geven.'

Ze keek bezorgd. Terwijl het gesprek vorderde, zwol mijn schuldgevoel aan en ging ik mijn symptomen afzwakken om de druk, waarvan ik me voorstelde dat ze die voelde, te verlichten. Ik vertelde haar niet hoe vaak ik moest overgeven van de pijn. Ik vertelde haar niet over het bloeden. Of over de misselijkheid. Alsnog vond ze het verontrustend. Ze zei dat ik een laparoscopie moest ondergaan om erachter te komen wat er aan de hand was. Ik zei dat ik het te druk had. Zij zei dat het dringend was. Ze gaf me een brief voor de triagedienst van de eerste hulp, met instructies om me onmiddellijk op te nemen en voor te bereiden op een operatie. Ik zei tegen haar dat ik dat niet wilde. Zij zei tegen mij dat ik misschien wel groot gevaar liep.

Bij de operatie was niets te vinden. Ze controleerden op eierstokcysten, maar die had ik niet. Ze controleerden opnieuw mijn blindedarm, maar daar was niets mis mee. De gynaecologisch chirurg had genoeg van me. 'Ik zie zoveel jonge vrouwen die hun symptomen overdrijven en zich er niet bij neer kunnen leggen als ze erachter komen dat ze volkomen gezond zijn,' zei hij. Het voelde onrechtvaardig.

Ik wilde een weerwoord bieden, ik wilde hem vertellen dat ik had geprobeerd hier onderuit te komen, dat ik had gezegd dat ik het te druk had. Het was niet mijn wens geweest, wilde ik hem herhaaldelijk zeggen. Dit zou ik niemand toewensen.

Maar mijn lichaam zat vol verdovingsmiddelen, die me zo misselijk maakten dat ik zeker wist dat ik zou overgeven als ik mijn mond opentrok. Ik wilde voor mezelf opkomen, maar was te ziek. Te moe. Ik viel in slaap, boos en in de war, en droomde dat ik werd opgegeten door kakkerlakken zo groot als mensen.

Zo ging ik maandenlang door het leven. De rest van dat jaar werd ik om de paar weken opgenomen in het ziekenhuis. Mijn bestaan was opgedeeld in dagen en nachten die ik in ziekenhuisbedden doorbracht en weken waarin ik me wanhopig vastklampte aan het doelgerichte hogesnelheidsleven dat ik in de jaren ervoor tot in perfectie had opgebouwd. Ik bleef proberen naar colleges te gaan, mee te doen in werkgroepen, het vol te houden bij mijn callcenterbaantje. Terwijl de pijn en wanhoop verschrikkelijk dicht tegen het oppervlak opborrelden, maar er nooit doorheen braken, deed ik alsof ik niet ziek was.

Na een paar van dit soort maanden begon de façade van competentie scheuren te vertonen. Mijn verdriet veranderde in angst en ik ging niet meer de deur uit. De pijn werd erger; soms deed het zo'n pijn dat ik mijn benen niet kon bewegen. Mijn ijzergehalte kelderde door al het bloeden. Ik verloor mijn eetlust. Ik kwam nauwelijks meer op colleges. Van wat ik me van die maanden kan herinneren, heb ik volgens mij voornamelijk op de bank gelegen met een warme kruik aan weerszijden van mijn buik en keek ik steeds opnieuw *Titanic,* waarbij ik als op commando moest janken telkens als Rose zei, 'Ik ben liever zijn hoer dan jouw vrouw.'

Ik weet nog dat ik schommelde tussen totale berusting en totale paniek, dat ik op het ene moment uitgeput en cynisch was en er op het volgende moment volstrekt van overtuigd was dat ik doodging. Pure verwarring sneed door al mijn waanzin heen en ik vroeg me constant af hoe het kon dat mijn lichaam werd aangevallen door een kwaadaardig roofdier waar niemand een naam voor had.

———

Ik onderging meer operaties – endoscopieën, colonoscopieën, cystoscopieën, nog een paar laparoscopieën. Ze dachten aan het prikkelbaredarmsyndroom. Ze controleerden mijn blindedarm nog een derde keer. 'Voor de zekerheid.'

Ook moest ik meer tests ondergaan – echo's, MRI's, uitstrijkjes, bloedonderzoek, urineonderzoek, soa-tests, röntgenfoto's, hiv-tests. Mijn eerste inwendige echo kreeg ik toen ik negentien was. Toen de jonge, mannelijke arts uitlegde hoe het onderzoek zou verlopen, en de angst voor penetratie over mijn gezicht danste, stopte hij even en zei toen zachtjes: 'Ik snap nooit waarom jonge vrouwen deze echo's zo vervelend vinden, terwijl ze in hun vrije tijd vrolijk seks hebben met allerlei mannen.'

Mijn begrip van de complexiteit van genderpolitiek was

nog minimaal, maar ik voelde wel iets knagen, ergens diep vanbinnen, ergens waar mijn bewuste gedachten nauwelijks bij konden.

Terwijl 2010 zich voortsleepte, ging de saga verder. Ik zag zo veel specialisten en artsen en chirurgen dat ik geen poging meer deed hun naam of gezicht te onthouden. Ik had mijn verhaal tot in de puntjes uitgewerkt. Ik leerde dat elke pauze die ik openliet tussen vraag en antwoord me een steeds minder betrouwbare getuige maakte. Ik leerde de ware betekenis kennen van uitspraken als 'Dat klinkt allemaal erg vreemd' en 'Het verbaast me dat je nog kunt werken als de pijn zo hevig is' en 'Waarom doen we niet even rustig aan en beginnen we bij het begin'.

Ik leerde elk vleugje van de zin 'Ik geloof je niet' te bespeuren, hoe goed hij ook werd verborgen achter een sympathieke glimlach of onderbroken door ijverige aantekeningen. Ik mat mezelf een professionele houding aan die aan hen ontbrak; mijn antwoorden werden klinisch en gevoelloos, mijn beschrijvingen zakelijk.

Met de ene na de andere vreemde deelde ik mijn voorgeschiedenissen tot ik ze nauwelijks nog herkende – mijn medische voorgeschiedenis, mijn familiegeschiedenis, mijn academische prestaties, mijn arbeidsstatus, mijn psychologische voorgeschiedenis, mijn seksuele voorkeuren. Ik was nog niet heel genoeg om de afkeuring van de artsen weg te wuiven. In plaats daarvan internaliseerde ik die.

Ik schaamde me dat ik hulp nodig had. Ik schaamde me voor mijn denkbeeldige pijn. Soms zat ik in een spreekkamer en overtuigde ik mezelf dat de pijn echt tussen mijn oren kon zitten. Maar dan kwam hij een paar uur later terug en sleepte ik mezelf naar de wc en zag ik dat ik hevig bloedde, door mijn ondergoed heen, langs mijn benen, in mijn sokken, tot ik het onder mijn voeten kon voelen. Dan ging ik op de tegelvloer zitten en vroeg ik me af wat ik moest doen, keek ik toe terwijl het bloed zich in een poel onder me verzamelde en vroeg me af hoe ik ooit het hokje zou kunnen verlaten.

Ik zou liegen als ik zei dat er zich op deze momenten niet soms een ander idee opdrong, waarvan ik ook niet zeker wist of ik het verzonnen had of niet. Er waren momenten dat ik daar zat, wenste dat ik kon verdwijnen, en bij mezelf dacht: ik heb maar één keer eerder zoveel bloed gezien. Maar zodra ik mijn gedachten weer onder controle had, dweilde ik de herinnering op, waste mezelf en ging weer verder.

Keer op keer vroegen artsen of ik gestrest was, angstig, of depressief, of paniekerig. Ik besef nu dat ze hiermee suggereerden dat dit de oorzaak van mijn pijn was, maar destijds leek de vraag bespottelijk vanzelfsprekend. 'Natuurlijk heb ik stress,' wilde ik ze toeschreeuwen, 'mijn lichaam valt uit elkaar en niemand kan me uitleggen waarom.'

Ik herinner me dat ik na maanden van hetzelfde bij de zoveelste specialist in de spreekkamer zat en te horen kreeg dat ik naar een 'pijnkliniek' moest. De vrouw legde voorzichtig uit dat de hersenen soms, als iemand langdurig pijn heeft, hun vermogen verliezen om een 'geschikte' pijnreactie op te wekken, en duizenden pijnsignalen sturen terwijl er maar eentje nodig is, waardoor het stoten van je teen verandert in een hele dag ellende. Ik weet nog goed dat ik hier geen woord van begreep, maar het voelde bevestigend. Het voelde ook hoopvol; mij werd beloofd dat er gespecialiseerde psychologen waren die mijn hersenen zo ver konden trainen dat ik helemaal geen pijn meer zou voelen. Voor een meisje dat wanhopig naar zichzelf terug wilde keren, klonk het fantastisch.

De pijnkliniek was een en al witte muren, steriele geuren en mannelijke psychiaters met baarden. Tijdens mijn eerste afspraak begon ik aan het verhaal waar ik op geoefend had. Mijn symptomen, mijn voorgeschiedenis, mijn operaties. Een psychiater legde uit dat 'jonge vrouwen' vaak naar de pijnkliniek werden verwezen als artsen hadden besloten dat hun aandoening 'psychosomatisch' was. Ik had dat woord nooit eerder gehoord, maar zijn boodschap kwam luid en duidelijk binnen. Ik was maanden bezig geweest de ene na de andere arts ervan te overtuigen dat ik mijn lichaam aan het verliezen was, en ze dachten allemaal dat ik mijn verstand had verloren.

Het besef dat iedereen om me heen dacht dat mijn probleem psychologisch van aard was, was op mijn negentiende nog het allermoeilijkste. Een andere psychiater uit die kliniek legde uit dat sommige psychische aandoeningen zo veel kracht hebben dat ze het lichaam kunnen beheersen, en zich op steeds fysiekere manieren kunnen uiten. Ik twijfelde er niet aan dat dit allemaal waar was, maar ik geloofde niet dat het voor mij waar was. Mijn probleem was niet dat ik in staat was mijn geest te gebruiken om mijn lichaam te beheersen. Het was dat dit voor het eerst in mijn leven niet meer kon.

Ik hield het nog een paar maanden vol bij de pijnkliniek voordat ik een smoesje gebruikte om een afspraak af te zeggen en een jaar lang de telefoon niet opnam als ze weer belden. Ik weet zeker dat ik er veel aan had gehad als ik er klaar voor was geweest. Maar dat was ik niet, dus bleef ik weglopen.

Nadat ik de kliniek achter me had gelaten, werden mijn symptomen erger. Ik begon vaker acute aanvallen te krijgen. Ik kon nooit voorspellen wanneer ze zouden opkomen. Toen ik een keer 's avonds op vakantie met mijn zus meedeed met een wandeltour, stonden we op een begraafplaats bij een kerk en vertelde een jonge gids ons een verhaal over een spookhond met bepaalde eigenaardigheden – mijn geheugen laat me op dit punt in de steek – en voelde ik me opeens licht in mijn hoofd. De pijn in mijn onderbuik kwam aanzetten als onweer, mijn spieren spanden zich aan, ik voelde mijn benen wankelen. Ik haastte me naar een toilet in een café in de buurt, kwam maar net heelhuids de trap af, en sloot mezelf in op de wc. Ik verloor mijn gezichtsvermogen, en daarna mijn bewustzijn.

Jaren later vertelde een bevriende chirurg me dat veel artsen de pijn van vrouwen niet bijzonder serieus nemen. Destijds was ik er niet zeker van of ik hem wel moest geloven. Kon dat waar zijn? Is dat echt hoe mensen denken?

Maar tegenwoordig weet ik hoe het zit: onderzoek toont consequent aan dat eerste hulpartsen vrouwen minder serieus nemen dan mannen. Vrouwen die zich bij de eerste hulp melden met acute pijn krijgen minder vaak afdoende pijnstillers dan mannen die aangeven net zo veel pijn te hebben. Zelfs als vrouwen wel pijnstillers van een spoed-arts krijgen, moeten ze er langer op wachten.

In een studie door de Zweedse onderzoeker Ann-Sophie Backman van de afdeling Klinische Epidemiologie van het Karolinska Universiteitsziekenhuis, werd aangetoond dat wanneer een vrouw zich bij een spoedeisende hulpafdeling meldde, haar toestand minder vaak als 'urgent' werd be-stempeld. De kans was ook groter dat ze significant langer op de eerste hulp moest wachten dan mannen die tegelij-kertijd met vergelijkbare klachten waren binnengekomen.

In een onderzoek door Diane E. Hoffman en Anita Tarzian, dat in het *Journal of Law, Medicine and Ethics* werd gepubli-ceerd, werd aangetoond dat artsen klachten over acute pijn vaker wegwuiven als ze van vrouwen komen. In een ander on-derzoek, van Healthline, werd aangetoond dat wanneer pijn van vrouwen wordt erkend en behandeld, de behandeling minder agressief is dan die van vergelijkbare pijn bij mannen.

Uit een Brits onderzoek door John Guillebaud, hoogleraar voortplantingsgeneeskunde aan het University College Londen, blijkt dat vrouwen die zich bij de spoedeisende hulp melden met pijn, gemiddeld zestien minuten langer moeten wachten dan mannen die aangeven dezelfde mate van pijn te hebben. Vrouwen krijgen ook een lagere dosis pijnstillers dan mannen die aangeven dezelfde mate van ongemak te hebben. Volgens onderzoek dat door Hoffman en Tarzian wordt aangehaald, nemen artsen sneller aan dat vrouwelijke pijn het resultaat is van 'emotionele oorzaken', terwijl mannelijke pijn wordt verondersteld het resultaat te zijn van een lichamelijk probleem.

Als artsen wel overwegen dat de aandoening van een vrouw een lichamelijke oorzaak kan hebben, wordt er vaak van uitgegaan dat ze lijdt aan een gynaecologisch probleem, dat minder vaak wordt behandeld met pijnstillers, volgens een onderzoek door Esther Chen, een spoedarts van het Zuckerburg San Francisco General Hospital. Ik durf te wedden dat er ook een element in zit van het uiterst onjuiste maar zeer diepgewortelde geloof dat als er iets mankeert aan de seksuele gezondheid van een vrouw, het haar eigen schuld is.

Maar al te vaak komt een arts niet verder dan aan te nemen dat er iets mankeert aan de psyche van de vrouw die hij voor zich heeft. Dus verwijst hij haar door naar een therapeut en stuurt haar naar huis, nog steeds met pijn, nog steeds potentieel in gevaar, nog steeds zonder enig benul van wat er aan haar mankeert, terwijl haar net is verteld dat ze zich weer dingen in haar hoofd heeft gehaald.

Ik hoor zoveel verhalen over hoe het is om die vrouw te zijn. Ik ben die vrouw geweest, keer op keer op keer: wanneer ik een taxi naar huis nam vanuit het ziekenhuis, met een pijn die ik fysiek niet kon verdragen zonder te schreeuwen, met trillende benen, zonder te kunnen bewegen, terwijl ik net te horen had gekregen dat er helemaal niets mis met me was.

Hoe is het mogelijk?

Er bestaat ook een wijdverbreid idee dat vrouwen vaker naar de dokter gaan met minder ernstige klachten dan mannen en daardoor minder serieus genomen worden op het moment dat ze wel naar de dokter gaan. Maar een verslag van het *Institute of Medicine* uit 2011 toont aan dat vrouwen en mannen allebei net zo vaak naar een arts stappen met pijngerelateerde aandoeningen; we weten tegenwoordig ook, tegen de heersende gedachte in, dat de pijntolerantie van vrouwen juist hoger is dan die van mannen. Dit bewijs druist in tegen diepgewortelde aannames over vrouwelijke zwakheid en gevoeligheid – onderzoek wijst uit dat pijn van vrouwen vaker wordt gezien als 'hysterisch' of 'overdreven' – en tegen de bijkomende aannames over het mannelijk stoicisme. Elk van deze onderzoeken bevestigt, tot in akelig detail, mijn ervaring met artsen in de tien jaar dat ik op jacht was naar verlossing uit mijn lijden.

Toen ik eenmaal op de hoogte was van deze normen, vulde ik een uitgebreid juridisch formulier in waarmee je als patiënt toegang krijgt tot je complete ziekenhuisdossier. Ik haalde de dikke stapel medische dossiers op met het gevoel alsof er bijen in mijn keel zaten. Ik zag hoeveel ziekenhuisopnames ze vertegenwoordigden, hoeveel uren wachten op de eerste hulp op niets en niemand, het complete gebrek aan waardigheid, en ik kroop ineen.

Terwijl ik door de vele pagina's aan dossiers bladerde, zag ik precies hoe naïef ik was geweest. In de doktersaantekeningen stond commentaar als 'pijn leidt tot enige mate van spierverzet, maar dit lijkt vrijwillig'; 'patiënt lijkt prima in orde; geen organische mankementen.'

Die krabbelige aantekeningen achtervolgen me in mijn dromen als een spook, als een representatie van elk moment dat ik niet geloofd werd, recht voor me op het papier, zwart op wit.

De aantekeningen werden afgesloten met opmerkingen als 'Lucia's pijn en ongemak zijn met succes behandeld en ze is nu gezond en stabiel'. Mijn pijn en ongemak waren niet met succes behandeld. Ik was niet gezond en stabiel. Ik was een ramp.

De aantekeningen gaan herhaaldelijk over mijn seksleven, over mogelijke seksueel overdraagbare aandoeningen. Ik bleef volhouden dat ik die niet had, dat dat niet mogelijk was. Over die vermeende aandoeningen zijn later verschillende pathologische verslagen binnengekomen. Ik sloeg de ene na de andere bladzijde om en elke keer was het resultaat hetzelfde:

Negatief.
Negatief.
Negatief.
Negatief.
Negatief.

En ik sloeg de laatste bladzijde om. Negatief.

Op geen enkele van die gelegenheden had ik een seksueel overdraagbare aandoening. Dus zijn er meerdere antibioticakuren geweest die ik per infuus kreeg toegediend, puur en alleen omdat artsen vrouwelijke buikpijn associëren met losbandigheid.

Op dit punt is het belangrijk om één ding duidelijk te maken. Dat mijn pijn niet serieus werd genomen, komt zeker overeen met hoe ik deze jaren van medische behandeling heb ervaren. Maar ik ben ook journalist, en feiten staan bij mij hoog in het vaandel. Tijdens het schrijven van dit boek heb ik met artsen gesproken die me vertelden dat wanneer een vrouw naar de eerste hulp gaat met pijn in haar onderbuik, geneeskundigen hun aandacht in eerste instantie op gynaecologische noodgevallen richten, omdat die veel eerder fataal kunnen worden dan andere aandoeningen. Dus zoeken artsen meteen naar buitenbaarmoederlijke zwangerschappen en andere gynaecologische aandoeningen die levensbedreigend zijn en met een spoedoperatie behandeld moeten worden.

Dus ik begrijp inmiddels waarom artsen vaak overhaaste conclusies trokken over mijn seksuele gezondheid. Maar dat verklaart niet waarom ze mij dan maar helemaal opgaven wanneer deze conclusies incorrect bleken te zijn.

Een keer zat in de spreekkamer van een specialist die zei: 'Wow, er is echt niet veel voor nodig voordat jij instort; heb je al overwogen je psychisch te laten onderzoeken?'

Ik wilde voor mezelf opkomen maar ik wist dat als ik een geluid uitbracht, de tranen achter in mijn keel zouden opwellen tot aan mijn ogen en precies haar beschuldiging zouden onderbouwen: dat ik zwak en weerloos was, slachtoffertje speelde.

Op een gegeven moment schreef een arts in de medische aantekeningen: 'De laparoscopie was normaal en er zijn foto's van de interne organen aan Lucia gegeven om haar te laten zien dat er niets mis is met haar organen.' Toen mijn endometriosespecialist later die foto's bestudeerde, bleek hij bewijs van de aandoening te kunnen zien. De arts deed in een aparte brief verslag van dat bezoek: '[Lucia] is grondig onderzocht, inclusief een diagnostische laparoscopie, waarvan de uitkomst te boek staat als volkomen normaal.'

Daarna bladerde ik door de stapel uitslagen van bloedonderzoeken die in het pakket met ziekenhuisdossiers zat. Iedere keer dat ik langs de eerste hulp ging, kreeg ik van artsen te horen dat de uitslag van mijn bloedonderzoek 'relatief normaal' was, dus was er geen vervolgonderzoek meer nodig. Dat was maar een halve waarheid.

Bij de vijftien bloedonderzoeken waar ik de resultaten van heb, had ik, op één keer na, telkens een verhoogd lymfocytgehalte. Tevens was mijn gehalte eosinofiele leukocyten vaak verhoogd, en in een paar gevallen ook mijn neutrofiel-gehalte. In enkele gevallen was mijn gehalte witte bloedcellen hoger dan het had mogen zijn. Elk van deze waarden geeft aan hoe de witte bloedcellen zich in het lichaam gedragen. Elke ervan is verhoogd als het lichaam een ontsteking aan het verwerken is. Endometriose en de ziekte van Crohn zijn allebei ontstekingsziekten.

Wat me ook opvalt is hoe vaak er in mijn doktersaantekeningen terugkomt dat ik had aangegeven dat de pijn en het overgeven erger werden tijdens mijn menstruatie. Dat, in combinatie met de symptomatische tekenen van een ontstekingsziekte in de uitslagen van mijn bloedonderzoek, had artsen in de richting van endometriose moeten wijzen. Onderaan de stapel papieren ben ik een aantal uitslagen tegengekomen van de echo's van mijn onderbuik, die allemaal als 'normaal' werden bestempeld. Uit de rapportages zelf – die ik nu kan inzien – blijkt echter consequent dat er een grote hoeveelheid vrije vloeistof aanwezig was in mijn holte van Douglas, wat vaak duidt op endometriose in die regio.

Ik vertelde de artsen ooit over een episode waarin ik zo veel bloed had verloren dat ik was flauwgevallen. In hun vastberadenheid te bewijzen dat mijn ziekte werd veroorzaakt doordat ik brutaal genoeg was om als achttienjarige seks te hebben, besloten ze daarom dat ik een miskraam had gehad. Dat was onwaarschijnlijk, zo legde ik uit, omdat ik een vaste partner had en erg zorgvuldig met mijn anticonceptiepil omging, maar dat leek hun niet veel uit te maken.

Het lijkt zo wreed om voor een stapel oude, krabbelige aantekeningen en bloeduitslagen en pathologische resultaten te zitten die aantonen dat je niet, zoals de artsen zeiden, 'in feite compleet gezond' was, maar dat je een ernstige en chronische aandoening had en dringend behandeld moest worden.

Ik moest huilen om hoeveel ze van me hadden afgenomen – mijn autonomie, mijn gezondheid, mijn weerbaarheid – en wist niet of ik mijn medisch dossier ergens veilig moest opbergen of het moest verbranden zodat niemand ooit zou weten hoe vernederend ze waren, hoe dwaas ik was geweest.

Het probleem lag niet bij de geneeskunde zelf; het antwoord was gewoon te vinden op die pagina's. Het probleem was dat niemand daarnaar zocht.

Een paar dagen voor kerst in 2010, lag ik na het zoveelste bezoek aan de eerste hulp en de zoveelste operatie in een ziekenhuisbed. Ik was uitgeput. Een psychiatrisch verpleegkundige bleef mijn kamer in- en uitlopen en vragen naar mijn plannen voor de feestdagen. Een gynaecologisch chirurg kwam aan mijn bed staan en zei dat hij dacht te weten wat me mankeerde.

Hij legde uit dat hij dacht dat ik een gynaecologische aandoening had die mijn baarmoeder, mijn eierstokken, mijn blaas en misschien ook andere organen aantastte. 'De aandoening heet endometriose', zei hij. Zelfs nadat er maandenlang tot in elke uithoek van mijn lichaam en persoonlijke voorgeschiedenis gezocht was, had ik dit woord nog nooit eerder gehoord. Ik begreep niet wat hij zei, maar hij leek er zo zeker van te zijn. Ik voelde me op mijn gemak in zijn aanwezigheid.

Hij legde uit dat endometriose een aandoening is van het baarmoederweefsel. Bij vrouwen met deze aandoening groeit er celweefsel buiten de baarmoeder op allerlei plekken waar het niet hoort. Deze cellen – die endometrioseweefsel genoemd worden – kunnen op verschillende organen in de onderbuik gaan groeien: de blaas, de darmen, de eierstokken, de nieren.

De afwijkende cellen verspreiden zich en kunnen zo hard groeien dat ze deze organen gaan overwoekeren als een kankerachtig tapijt. Bij de meer agressieve vormen kan het weefsel zo'n kritische massa bereiken dat het de beweging van de organen in het lichaam tegenhoudt, ze vastzet en smoort tot ze nauwelijks meer kunnen functioneren. Hier zou ik pas jaren later achter komen, toen ik na een inwendige echo – waar ik inmiddels wel aan gewend was geraakt – een arts sprak die me vertelde dat mijn endometriose zo erg was dat de hele infrastructuur in mijn onderbuik erdoor tot stilstand was gekomen.

'De endometriose,' zo legde mijn chirurg uit, 'kan zo veel schade aanrichten dat er ook problemen kunnen ontstaan met andere organen. De nieren, blaas, darmen. Als de endometriose groeit en zich verspreidt zal dat hun werking blokkeren. 'En,' vertelde hij, 'dat kan erg veel pijn doen.'

Hij voerde de operatie uit en vond een grote hoeveelheid endometrioseweefsel, en ook een gerelateerde ontstekingsaandoening aan mijn blaas.

Terwijl ik in zijn knusse spreekkamer zat, liet hij me foto's zien van mijn ingewanden tijdens de operatie. Ze leken op een verlaten slagveld: alles was uit elkaar gerukt, verscheurd, bebloed. Kapot.

Hij gaf me even de tijd om de beelden te verwerken. Hij keek naar mijn gezichtsuitdrukkingen terwijl die van shock naar angst naar opluchting versprongen.

'Je hebt je dit niet ingebeeld,' zei hij. 'Het verbaast me niet dat je zo veel pijn hebt gehad.'

In *Examens in empathie* verkent Leslie Jamison wat we bedoelen als we het over empathie hebben. Is het genoeg om ons slechts voor te stellen hoe andermans pijn aanvoelt? Is het genoeg om je voor te stellen wat je zelf zou voelen als je in andermans lichaam zat, andermans leven leidde? Of is het meer dan dat: is het de vaardigheid om je niet slechts in te leven in iemand die pijn heeft, maar daarna ook precies in te schatten wat diegene van je nodig heeft om er een klein deel van te verzachten? Toen ik dit las, kon ik alleen maar denken aan die afspraak. Zelfs al had ik het nooit aan die arts verwoord, er niet eens op gezinspeeld dat het mijn grootste angst was om niet geloofd te worden, toch had hij het door. En hij had het niet alleen door, maar wist ook dat hij mijn pijn moest legitimeren door hem te verwoorden. Hij wist dat mijn angst over mijn geloofwaardigheid zo diep zat dat hij moest wachten tot hij bewijs had, hard bewijs, van mijn aandoening voordat hij me kon geruststellen.

Hij sprak de woorden niet uit voordat hij wist dat ze iets zouden betekenen. Hij moest door een onzekerheid heen prikken die dieper zat dan zelfs ik doorhad.

> Ik had mensen nodig [...] die me mijn gevoelens in een leesbare vorm konden teruggeven. Dat is een overtreffend soort empathie: een empathie die dat wat ze te zien krijgt duidelijker herformuleert.

Dat is hoe Jamison haar verwachtingen van empathie beschreef. Dat is precies hoe ik me voelde bij dat gesprek met mijn chirurg; dat hij me iets aanbood en ik nog te kwetsbaar was om te weten dat ik het nodig had.

Hij legde me uit dat mijn aandoening agressief was, en dat we een behandelplan nodig hadden. Dat mijn vruchtbaarheid er wellicht door zou worden beïnvloed, en mijn kwaliteit van leven al helemaal. Hij legde uit dat er geen genezing mogelijk was, dat er zelfs nauwelijks consensus bestond over de oorzaak. Hij zei dat ik ontzettend veel pech had.

Hij uitte zijn medeleven.

Hij zei dat er nog een operatie nodig was om het aangetaste weefsel te verwijderen. Hij zei dat de kans groot was dat de cellen scheuren in de wanden van mijn organen hadden veroorzaakt; dat er waarschijnlijk clusters van littekenweefsel in mijn lichaam rondzweefden als afgedankte reddingsboten. Hij legde uit dat de operatie zwaar zou zijn, maar wel zou helpen.

Ik kon de gedachte aan nog een operatie niet uitstaan, maar ik koesterde me in zijn zekerheid. Hij had antwoorden. Hij had een plan. Ik wachtte af en begon me volgens mij zelfs beter te voelen.

Hij legde uit dat hij ook Botox in mijn blaas zou spuiten om te voorkomen dat die zichzelf zou aanvallen en om de pijn te verlichten. Botox was een goed hulpmiddel om een kunstmatige grens aan te leggen in het slagveld waarin mijn onderbuik was ontaard. Ik vertrouwde hem.

Het was halverwege 2012. De operatie stond gepland in de week na onze afspraak. De pijn werd ondraaglijk en ik verlangde naar verlossing. Ik stond er bijna om te springen.

Toen ik na de operatie wakker werd, vertelden de artsen dat het erger was geweest dan ze hadden gedacht. Ze hadden me opnieuw verdoofd, om me onder zeil te houden tijdens de vele uren die ze nodig hadden gehad om mijn lichaam van de ziekte te verlossen. Nadat ik wakker werd, heb ik twee uur lang overgegeven. Ik was doodmoe.

De chirurgen legden uit dat de aandoening laesies en scheuren had veroorzaakt in mijn hele onderbuik, en dat het ze uren had gekost om me weer op te lappen. Ze vertelden me dat mijn blaas geïrriteerd en prikkelbaar was. Ze vertelden me dat mijn blindedarm onder het endometrioseweefsel zat, en het daarom naar hun mening makkelijker was geweest om hem gewoon te verwijderen, dan er uren over te doen om het aangetaste weefsel van de wanden te schrapen. Toen ik hier achter kwam, voelde ik een vreemd soort rouw: ik verlangde terug naar een orgaan dat ik nooit nodig had gehad, nooit had gebruikt, dat pas waarde kreeg toen de verwijdering ervan een fysieke manifestatie werd van mijn verregaande verlies van controle.

De volgende ochtend haalden de artsen de katheter uit mijn lichaam en onderwierpen ze me aan de testjes die ze moesten uitvoeren voor ik naar huis mocht. Het waren gewoon standaardcontroles, legden de verpleegkundigen uit. Ze moesten er zeker van zijn dat mijn blaas naar behoren functioneerde en dat al mijn vitale organen in orde waren. Helaas deed mijn blaas het niet meer door de schade die de operatie en de verdoving hadden veroorzaakt. Ik kwam door geen enkele keuring heen. Het was te gevaarlijk om me naar huis te sturen. Ik bleef dagenlang in het ziekenhuis en hoopte bij het ontwaken steeds dat dit mijn laatste ochtend hier zou zijn. Na een week stuurde de chirurg me met mijn katheter en wat ingewikkelde testapparatuur naar huis.

'Je ligt al te lang in het ziekenhuis,' zei hij. 'Zo word je alleen maar zieker.'

Hij zei dat ik naar huis moest om een weekje uit te rusten, en daarna terug moest komen. Dan konden ze de bedrading afsluiten en kijken of mijn lichaam klaar was om weer aan het werk te gaan. Hij zei dat het hem niet verbaasde. 'Je organen hebben zo veel meegemaakt,' zei hij. 'Ze zijn uitgeput. Er zit geen vechtlust meer in.'

Ik verliet het ziekenhuis en ging een week lang bij mijn ouders thuis in de logeerkamer liggen janken. Codeïne was niet toegestaan, voor het geval dit mijn ingewanden verder zou beschadigen, dus lag ik steeds urenlang in bad te weken, met mijn hoop gevestigd op het stomend hete water als mijn enige vorm van natuurlijke pijnstilling. Ik bewoog amper. Mijn zus zwoegde met de laatste loodjes van haar scriptie, maar ze richtte de woonkamer van mijn ouders in als tijdelijke werkplek om me gezelschap te houden. Ze liep regelmatig naar een buurtsuper om cranberrysap voor me te halen: het enige middel dat ik mocht gebruiken om een infectie af te weren.

Ik had de ene na de andere paniekaanval, steeds in de overtuiging dat mijn organen me voorgoed in de steek hadden gelaten. Ik belde dagelijks om te vragen of de verpleegkundigen me konden bijstaan. Ik huilde vaak. Ik smachtte naar afleiding. Ik smeekte om verlossing. Ik wilde mijn lichaam weer terug. Op een avond belde ik in tranen een vriend en zei dat ik niet wist of ik nog meer pijn aankon. Ik schaam me ervoor dit toe te geven, maar op dat moment meende ik het echt. Ik wist niet hoe ik verder moest. 'Wat als ik er niet meer bovenop kom?' vroeg ik.

Ik weet niet waar ik precies om vroeg. Mijn aandoening was niet ernstig genoeg om levensbedreigend te zijn, maar ik had wel het gevoel dat er een kans bestond dat die me op een fundamentele, onomkeerbare manier zou veranderen.

'Je komt er wel weer bovenop,' zei hij.

'Hoe weet je dat?'

Ik was het zo gewend dat mensen me vertelden dat het wel goed zou komen, dat ik wel beter zou worden, dat ik terug kon keren naar mijn leven als twintiger, alsof er niets was gebeurd. Ik zette mezelf schrap voor de zoveelste monoloog in die trant.

Hij zuchtte diep.

'Omdat je geen keuze hebt.'

Dat was de eerste keer dat ik het gevoel had dat iemand begreep hoe ver heen ik was.

———

Zo ging het wekenlang door. Mijn ouders bleven onvermoeibaar voor me zorgen en vonden steeds nieuwe manieren om me af te leiden. Deze routine zouden ze in de loop van de jaren die volgden perfectioneren. Ze brachten me iedere dag wel iets te lezen waarvan ze wisten dat het me aan mijn andere leven deed denken: de krant, *The Economist*, romans die ik mooi vond. Zelfs jaren later, toen ik in een steriel ziekenhuisbed lag en niet kon bewegen of lopen, waren het mijn ouders die me het eerste deel van Ferrantes Napolitaanse romans brachten. Het is alleen dankzij hen dat ik voor Elena heb kunnen kiezen.

Toen ik weer terugkeerde naar het ziekenhuis, werden alle hulpmiddelen van mijn lichaam losgekoppeld en kwam het weer tot leven. Het was augustus 2012 en het voelde alsof de winterzon alleen voor mij straalde. Mijn zus nam me mee uit eten bij Nando's en ik at voor het eerst in twee weken vast voedsel. We hebben urenlang gelachen, vol van opluchting, en daarna sliep ik drie dagen lang door.

Sindsdien heb ik nog vier operaties gehad, allemaal in een poging mijn lichaam sneller van de ziekte te verlossen dan die zich kan verspreiden. Steeds onder begeleiding van een arts die ik vertrouw. Ze zijn allemaal geslaagd, maar de aandoening laat zich niet afremmen. Mijn arts zegt dat we het binnenkort moeten hebben over het invriezen van mijn eicellen; ze zullen het waarschijnlijk niet lang meer uithouden in het oorlogsgebied waarin mijn lichaam is veranderd.

———

In 2014 bleek ik ineens zwanger te zijn. Ik was aan de pil en zorgde ervoor dat ik die elke dag stipt op hetzelfde tijdstip innam, maar zoals iedereen ben ik ook maar een mens. Ik weet niet zeker hoe ik zwanger ben geraakt. Misschien had ik een pil overgeslagen, of er eentje te laat ingenomen. Mijn artsen waren stomverbaasd, verheugd dat ik nog vruchtbaar was ondanks mijn woekerende ziekte. Ze vertelden me op ernstige toon dat ik moest overwegen het kind te houden, omdat ik misschien wel nooit meer zwanger zou kunnen worden. Ik was tweeëntwintig.

'Maar dit is een wonder', zeiden ze, keer op keer op keer.

Waarom zou een arts een zieke patiënt, een meisje dat er iedere dag weer moeite mee had voor zichzelf te zorgen, aanmoedigen om een nieuw mens op de wereld te zetten? En waarom dacht deze mannelijke arts ook maar enig recht te hebben om mij advies te geven over mijn keuze of ik wel of geen kind wilde krijgen op mijn tweeëntwintigste? Hij had me niet eens gevraagd of ik überhaupt wel kinderen wilde. Waarom was hij in de veronderstelling dat hij deel uitmaakte van zo'n beslissing?

Er was ook een arts die me vertelde dat de ziekte soms afremt als een vrouw voor het eerst zwanger raakt. 'Soms verdwijnt die helemaal.'

Ik keek hem recht in zijn ogen en zei: 'Nee, een baby is geen pleister.'

Ik was nog piepjong en mijn toenmalige partner en ik woonden bij mijn ouders in huis en ik had de afgelopen vijf jaar af en aan in het ziekenhuis gelegen en het voelde alsof mijn leven een puinhoop was, dus heb ik de abortus toch doorgezet.

Ik ben nogal bezorgd aangelegd, dus zodra ik die dag in 2014 besefte dat ik nog niet ongesteld was, rende ik naar huis om een zwangerschapstest te doen. Ik ging meteen de volgende ochtend naar de huisarts, die zei dat de zwangerschap zich nog in een erg vroeg stadium bevond. Van de abortuskliniek kreeg ik te horen dat ze me pas zouden behandelen als ik zes weken zwanger was. Ik hing de telefoon op in het kleine kantoortje van het streekblad waar ik werkte en staarde naar het notitieblok waarop ik de dag ervoor nog ideeën voor krantenkoppen had gekrabbeld. Ik vroeg me af hoe ik mezelf door de komende twee weken heen moest slepen, in de wetenschap dat er iets wonderbaarlijks plaatsvond in mijn lichaam, iets wat ik nooit had gewild maar dat was veranderd in een droombeeld nadat ik te horen had gekregen dat ik het nooit zou kunnen hebben. Ik vroeg me af of ik later op dit moment zou terugkijken met de gedachte dat ik een geluksvogel was geweest, of ik mezelf ooit zou kunnen vergeven voor wat ik op het punt stond te doen, of ik überhaupt de kracht had om ermee door te gaan.

Uiteindelijk gingen de weken voorbij en werd ik wakker op de ochtend van mijn afspraak. Bij het ontwaken was ik bang en drukte er een schuldgevoel op me. Ik sleepte mezelf naar de kliniek. Ik dacht aan het feit dat ik na al die jaren van spoedoperaties, een geplande operatie zou ondergaan. Een operatie waarvoor ik zelf had gekozen. Hoe was ik hier beland?

Ik ben sterk voorstander van het recht op abortus en verzette me tegen elke vorm van schaamte die de artsen en verpleegkundigen associeerden met deze beslissing. Ik slaagde erin mezelf niet te haten toen de mannelijke demonstranten naar me uitvielen terwijl ik naar binnen liep. Maar ik had wel echt een hekel aan mezelf toen ik later op de dag thuiskwam met zulke zware buikkrampen dat ik bloedend in foetushouding onder de douche moest gaan liggen, en vermaande mezelf dat ik een keuze had gemaakt die me nog meer pijn had opgeleverd, terwijl ik daar al zo veel van had.

Bovendien was er een klein, apolitiek deel van mezelf dat geloofde wat de artsen hadden gezegd, dat zich afvroeg waarom ik die kans, die ik misschien nooit meer zou krijgen, niet had aangegrepen?

Ik wou dat ik kon zeggen dat deze ervaring me geen pijn heeft gedaan, maar dat is niet zo.

De operatie heeft me honderden dollars gekost. Ik heb er bijna niemand over verteld. Dat was hoe het ging: meer operaties. Meer trauma. Meer pijn. Meer geheimen.

Op dat punt in mijn leven was ik al behoorlijk losgekoppeld van mijn lichaam, maar na de abortus veranderde er iets in me. Er was iets menselijks uit mijn binnenste weggenomen. Hoewel seks altijd al pijn had gedaan, kon ik me er plotseling niet meer toe zetten. Van het idee alleen al raakte ik overvallen door een misselijkmakend schuldgevoel. Ik bleef maar weglopen.

In 2015 onderging ik een operatie naar aanleiding van wederom maandenlang toenemende pijn, nog heviger dan die in jaren was geweest, die mijn lichaam elke dag consequent teisterde. Na de operatie gingen mijn symptomen er niet op vooruit. Ze leken eerder nog erger te worden. Ik vertelde dit aan mijn arts op een erg zwak moment, toen ik in zijn spreekkamer zat, uitgeput, verward, bang. Hij legde me uit dat ik niet kon verwachten dat zijn operaties me ooit zouden genezen. Hij zei dat ik een aandoening had die niemand kon genezen.

Hij vertelde hoe ontstellend het was dat zo weinig mensen – zo weinig artsen – de aandoening begrepen. Dat zo weinig geneeskundigen de symptomen begrepen, of wisten hoe slopend de ziekte kon zijn.

Dit gebrek aan begrip voor de realiteit van de aandoening, zorgt ervoor dat ik nog steeds taxi's aanhoud op straat en de chauffeur betaal om me twintig minuutjes te laten liggen, om tot rust te komen, om de pijnstillers die ik net heb genomen te laten inwerken; alleen om te voorkomen dat ik een dagje vrij moet nemen. Om te voorkomen dat ik mezelf moet verantwoorden. Tot er een duurzame behandeling of een geneesmiddel wordt ontwikkeld, zijn herhaaldelijke operaties mijn enige optie.

Er zijn inmiddels meerdere onderzoeken geweest die een verband hebben gevonden tussen ernstige gevallen van endometriose en de lichamelijke gevolgen van seksueel trauma. Maar dat wist ik niet toen ik mijn diagnose kreeg; ik had niet eens erkend dat ik misbruikt was. Ik had nog zo ver te gaan voor ik beter zou worden.

Intussen leerde ik langzaam mijn chronische aandoening te accepteren, maar was ik volledig gedissocieerd van de oorzaak ervan. Toen ik een keer in het ziekenhuis *Examens in empathie* aan het herlezen was, werd ik getroffen door Jamisons beschrijving van haar woede om haar eigen ingewikkelde medische situatie. Ze schreef over haar arts:

> Dokter M. werd de schurk omdat mijn verhaal er geen had.

Ik kon me zo goed in die woorden vinden dat ik moest huilen toen ik ze las. Ik dacht aan alle misplaatste woede en pijn die ik voelde over het feit dat ik ziek was, dat ik maar niet beter werd. Dat ik nooit beter zou worden. Ik stelde me voor hoe ik stond te schreeuwen tegen alle artsen die me niet konden genezen, dat ik ze demoniseerde, omdat mijn verhaal geen demonen had.

Alleen had het dat wel. Mijn verhaal had een schurk, maar ik was te bang om hem onder ogen te zien. Mijn hersenen hadden hem uit het verhaal gewist, omdat alleen al de gedachte aan hem ondraaglijk was. Op dat moment, toen ik in het ziekenhuisbed lag en dacht aan alle schurken die mijn verhaal niet bevatte, leek deze misvatting me nog het schrijnendst van al.

Wat ik toen niet besefte, was dat de werkelijkheid nog schrijnender was dan ik doorhad: de wereld wist wie deze pijn had veroorzaakt, maar had dit antwoord voor me verstopt. Net als de herinnering zelf, was de waarheid over het verband tussen ernstig lichamelijk trauma en chronische ziekte verborgen.

Door deze schijnvertoning stond ik alleen maar met mijn mond vol tanden.

Later in 2015, halverwege november, zat ik weer eens op de spoedeisende hulpafdeling van een ziekenhuis in Sydney, voorovergebogen van de pijn, van top tot teen te rillen. De dienstdoende artsen besloten een MRI uit te voeren om te controleren op ontstekingen in mijn darmen. Ze zagen dat een deel van mijn dunne darm zwaar aangetast was.

Die avond werd ik gediagnosticeerd met de ziekte van

Crohn. Ik kreeg een infuus met steroïden en bleef een week lang in het ziekenhuis. Mijn lichaam, zo leek het, kwam grootscheeps in opstand. Nog steeds legde ik in mijn hoofd niet het verband met mijn misbruik, laat staan hardop. Dus zag ik mijn verhaal nog steeds als onsamenhangend, zonder een passende, aanwijsbare aanleiding.

Wat had ik er, op dat moment, voor over gehad om te weten dat mijn verhaal een schurk kon hebben – een narratief – als ik maar dapper genoeg was om mijn ogen te openen? Wat had ik ervoor over gehad om te weten dat er iemand was om de schuld te geven? Dat hij nog ergens verstopt zat in de duisterste hoekjes van mijn ziel. Dat zijn gezicht permanent in mijn geheugen gegrift staat, al zal ik zijn naam nooit weten.

Ik was in de jaren na de verkrachting zo ver van mezelf weggelopen, dat ik dacht dat de herinnering me niet meer kon inhalen. Mijn leven was een abstractie; ik had een zelfbewustzijn, maar geen vorm, geen grenzen. Mijn lichaam had me zo veel leed aangedaan, dat ik geheel en al weigerde me ermee bezig te houden. Ik verzorgde het alleen als het stennis schopte en me geen keus gaf. De rest van de tijd verwaarloosde ik het volkomen.

Ik stilde de pijn met middelen die me verdoofden en weigerde iets zinnigs te doen om mijn aandoening op de lange termijn te verlichten. Ik kon niet accepteren dat mijn nieuwe leven permanent was. Mijn artsen bleven voorzichtig zeggen: 'Dit gaat niet weg. Je moet ophouden te geloven dat je beter gaat worden.' Maar ik kon niet loslaten.

In plaats van mezelf kwetsbaar op te stellen voor de ziekte

die ik niet weg kon wensen, schoot ik in de verdediging en werd verbitterd en kwaad. Ik nam zelden hulp aan. Ik werd zieker. Uit rebellie tegen mijn ziekte bleef ik zo veel mogelijk delen van mijn leven onderhouden, probeerde ik wanhopig de rol te spelen van de functionerende vrouw die ik vroeger had willen worden. Ik overcompenseerde. Ik nam te veel hooi op mijn vork. Ik werd zieker.

Het lukte me op deze manier een leven op te bouwen. Een uiterst bevredigend leven, waarvoor ik erg dankbaar ben. Ik had relaties en liefdesverdriet waarvan ik dacht dat ik eraan onderdoor zou gaan. Ik leerde autorijden. Ik ontdekte Adele. Ik werd toegelaten tot de universiteit om politicologie te studeren en werd lid van elke vereniging op de campus.

Ik begon te schrijven voor de universiteitskrant. Ik verhuisde naar San Francisco om in een team van onderzoeksjournalisten te werken. Ik bouwde een vroege carrière op, schreef over genderkwesties voor een landelijke nieuwssite. Ik leerde redacteuren kennen die in me geloofden en me vertrouwden. Een paar jaar later besloot ik verder te gaan studeren naast mijn schrijfwerk en begon ik in de avonduren aan een studie rechten. Ik bouwde een leven op waarin ik me steeds beter kon vinden. Soms voelde het alsof ik aan mezelf was ontsnapt.

In 2015, zes jaar na mijn eerste acute aanval van pijn, braken en bloeden, had ik twee diagnoses: endometriose en de ziekte van Crohn. Wat had ik pech, dacht ik destijds. Inmiddels weet ik dat die twee onlosmakelijk met elkaar verbonden zijn: het zijn beide ontstekingsziekten; ze zijn allebei het resultaat van een disfunctionele auto-immuunreactie. Onderzoek toont inmiddels aan dat ze allebei, in bepaalde gevallen, in verband kunnen worden gebracht met langdurige lichamelijke gevolgen van onbehandeld seksueel trauma.

Om nog even terug te komen op die medische dossiers. Daarin wordt verslag gedaan van tekenen waarvan ik nu weet dat het typische gevolgen zijn van onbehandeld trauma: aanhoudende pijn, een overactieve ontstekingsreactie, extreem veel stress en angst vóór en na de operatie, een neiging te veel te drinken om de pijn en/of angst voor pijn te verdoven, tremoren.

———

Voor mijn zesentwintigjarige zelf, die inmiddels ontelbaar veel boeken heeft gelezen en honderden uren therapie voor de lichamelijke symptomen van trauma heeft gehad en de ene na de andere lezing heeft beluisterd van de beste traumaspecialisten ter wereld, is het overduidelijk dat ik op de eerste hulp verscheen als getraumatiseerde jonge vrouw van wie het onuitspreekbare verhaal, diep in haar bloed en botten vastgehouden, zich nu op haar huid begon uit te stralen. Wier lichaam iets probeerde te zeggen wat haar geest niet kon uitdrukken.

Als er iemand – wie dan ook – op dat punt had ingegrepen, had ik nu misschien niet te kampen gehad met twee chronische aandoeningen. Maar niemand greep in, omdat ik eindelijk datgene had bereikt waar ik altijd naar had verlangd: voor hen was ik onzichtbaar. Mijn lichaam schreeuwde het antwoord uit maar niemand luisterde ernaar. Zelfs ik niet.

Jarenlang bleef ik het artsen kwalijk nemen dat ze de link niet hadden gelegd. Ik dacht dat ik misschien zou zijn gespaard als iemand de juiste vraag had gesteld. Maar dat is nooit waar geweest. Het was gewoon makkelijker zo.

In werkelijkheid is er wel een arts is geweest die heeft gevraagd of ik was verkracht. Het was in 2010, niet lang nadat ik ziek werd, toen ik tests onderging voor de ziekte van Crohn. Hij stelde de vraag en op de een of andere manier heb ik hem het verhaal verteld. Het was de eerste keer dat ik het ooit hardop van begin tot eind vertelde. Ik vertelde hem elk detail. Toen ik eenmaal begonnen was, kon ik niet meer ophouden. Hij keek zwaar bezorgd en probeerde te reageren maar ik gaf hem geen kans.

Zodra ik klaar was met vertellen, besefte ik wat ik gedaan had: ik had mezelf prijsgegeven. De paniek van dat besef was ondraaglijk. Ik kon de woorden niet terugnemen, dus rende ik, deze keer nogal letterlijk, weg. Ik reikte naar de deur en rende door de gang naar de liften en toen ik op de begane grond was, bleef ik rennen. Ik was hysterisch, jankte, huilde, wenste dat ik kon verdwijnen. Uiteindelijk stopte er een taxichauffeur voor me die vroeg of het wel ging en me naar huis bracht. Het was half elf 's ochtends, maar ik ging rechtstreeks naar bed en bleef urenlang in een donkere kamer liggen om mezelf te straffen, en vroeg me af wat me had bezield, wat me in hemelsnaam het gevoel had gegeven dat het oké was om de waarheid over mijn leven te vertellen.

De arts bleef me een maand lang iedere week bellen maar ik heb nooit meer met hem gesproken. Hij deed zijn uiterste best om me te helpen, maar ik liet het niet toe.

Veruit het gevaarlijkste element van mijn verkrachting was het feit dat ik in een wereld leefde waarin ik er niet over kon praten. Ik wist, zodra het gebeurd was, zonder dat het me ooit was verteld, dat ik er niets over mocht zeggen. Vernedering doet pijn, maar stilte is een gevangenis.

Wat ik nu weet is dat geen arts me had kunnen helpen, zolang ik nog vast zat in stilte en schaamte. De drang om mijn geheim te bewaren was sterker dan al het andere. Stilte was belangrijker voor me dan mijn lichaam, mijn gezondheid, zelfs mijn leven. Ik had altijd gedacht dat het geweld van deze ervaring vlug en onmiskenbaar was geweest, een zakmes en een gekneusde ribbenkast, maar ik had het mis. Er was nog een groter verlies en dat was onzichtbaar en verraderlijk. Het was de drang om te zwijgen die ik iedere dag voelde. Het was niet alleen de schrik van die ene fles die tegen porselein knalt, maar de aanhoudende, dagelijkse schaamte die daarop volgde, zodat élk klein signaal – in films, in gesprekken met vrienden, in liedjes, in de politiek, in de taal – me deed geloven dat het mijn eigen schuld was. Het was een dood door duizend speldenprikken.

Het belangrijkste dat me was afgenomen, was de mogelijkheid me uit te spreken en daarmee ook de mogelijkheid om om hulp te vragen. Dat is een diefstal waarvan ik nooit zal herstellen.

Maar het is ook meer dan een diefstal; het is zelf een daad van geweld. Traumaonderzoek heeft inmiddels aangetoond dat operaties in de onderbuik zelf symptomen van een posttraumatische stressstoornis (PTSS) kunnen veroorzaken.

Hoewel de patiënt buiten bewustzijn is, registreert het lichaam de inbreuk en, afhankelijk van de aanleg van die patiënt voor de symptomen van PTSS, kan de operatie zelf een vorm van trauma worden. Dus, in een werkelijk barbaarse vorm van ironie, heeft de onmogelijkheid om mijn trauma uit te spreken ertoe geleid dat ik de ene na de andere diagnostische operatie onderging, waardoor ik telkens opnieuw getraumatiseerd raakte.

Sinds ik ben gediagnosticeerd met endometriose en de ziekte van Crohn, heb ik vijf operaties moeten ondergaan om de ziektes weg te werken. Deze waren telkens erg ingrijpend. Een ziekte die door trauma veroorzaakt is, waarvoor de enige vorm van behandeling trauma veroorzaakt.

Om nog maar te zwijgen over het feit dat operaties voor mensen met een niet gediagnosticeerde posttraumatische stressstoornis bijzonder stressvol zijn, vanwege de gevolgen van de anesthesie: de manier waarop je compleet hulpeloos uit de operatie ontwaakt en meteen weer terug bent in die galmende toiletruimte met hoge wanden en een gesloten deur en het glas en de tegels en de geur van whisky.

Toen ik meer inzicht kreeg in de levenslange lichamelijke gevolgen van trauma, raakte ik nog het meest ontsteld door het feit dat ze nergens voor nodig zijn. Ze zijn overbodig. Als trauma meteen wordt behandeld, is volledig herstel mogelijk. Bijna alle langetermijngevolgen zijn te voorkomen.

Wat betekent dat de permanente gevolgen van trauma vaker wel dan niet voorbehouden blijven aan alleen mensen met een onuitspreekbaar verhaal. Het lijkt me een van de meest funeste menselijke impulsen, en tegelijk is het iets dat zó makkelijk valt op te lossen – en misschien maakt dat het leed alleen maar erger.

IV

Er werd iets ontrafeld, een waarheid blootgelegd: dat ik me altijd aan het licht van anderen had proberen te verbinden, dat ik nooit licht van mezelf had gehad. Ik ervoer mezelf als een soort schaduw.

ZADIE SMITH
Swing Time

VERDWIJNINGEN

Op 2 januari 2018 speelde ik Cluedo met een mentor en haar jonge kinderen en intussen schoof ze me een briefje toe met de vraag in hoeverre ik het, op een schaal van één tot tien, eens was met de volgende stellingen:

> Ik ben een goed mens
> Ik ben egoïstisch
> Ik verdien het om gelukkig te zijn

De kinderen riepen dat we valsspeelden. Ik gaf het briefje terug:

> Ik ben een goed mens 2/10
> Ik ben egoïstisch 9/10
> Ik verdien het om gelukkig te zijn 2/10

Toen ze het weer teruggaf, had ze er een opmerking naast gekrabbeld: 'Dit is niet jouw stem. Van wie is deze stem?'

Ik staarde naar het briefje. De stem van verkrachting. De stem die je zegt dat je niets waard bent. Ik weet nu dat schaamte een van de gevolgen is die onbehandeld trauma kan hebben op lichaam en geest; dat trauma ons doet geloven dat wij van die mensen zijn, en altijd zullen blijven, die verschrikkelijke dingen meemaken – mensen die het verdienen om tot prooi gemaakt te worden.

Dit wordt het best verwoord in het boek *Traumata* van Meera Atkinson:

Schaamte wordt vaak, tegenstrijdig genoeg, doorgegeven door schaamteloze daden, daden waarbij de ene persoon schaamte ontloopt, waardoor de ander wordt gedwongen die te dragen.

Ze zegt over de man die haar misbruikt heeft: 'Ik schaamde me voor hem, en toch was die schaamte niet van mij.'

De stem die me vertelde dat ik geen geluk verdiende, was de stem die op me was overgedragen door een beestachtige, schaamteloze daad. De keuze van een man zonder berouw die zich nooit zal schamen voor zijn daden. Dus ben ik gedoemd de schaamte voor hem te dragen, en dat is wat ik doe. Wat ik al zo lang doe.

De schaamte is niet van mij.

Als ik nu terugdenk aan het lange therapeutische proces waarin ik leerde met die schaamte om te gaan, lijkt het me dat dat het moment moet zijn geweest waarop tot me begon door te dringen dat ze misschien wel geen vaststaand deel van mezelf was.

Dit is niet jouw stem. Van wie is deze stem?

Het afleren van schaamte is een van de moeilijkste aspecten van het verwerken van trauma, maar het is mogelijk. Als ik terugdenk aan de tijd waarin schaamte een dictatoriale grip op mijn leven had, onbenoemd en nog niet erkend als iets dat niet van mijzelf was, denk ik aan een strofe uit een gedicht van Megan Falley, genaamd 'Holy Thank You for Not', een gedicht dat ik destijds schitterend vond, maar waarvan ik de voorspellende kracht nog niet inzag:

> Je hoorde ooit dat Schaamte het meest verwant is aan
> de Dood.
> Je gebruikte ooit *je* in een gedicht want je schaamde
> je als je zei *ik wou dat ik mijn leven kon teruggeven aan*
> *mijn moeder*
> *In een lange, donkere kist.*

Schaamte is echt verwant aan de dood.

Tijdens mijn herstel heb ik veel nagedacht over de aard van schaamte. Hoe het gevoel ons door anderen wordt opgedrongen; hoe het heel persoonlijk aanvoelt, terwijl het helemaal niet van ons persoonlijk is.

Een keer in een vliegtuig, op weg naar mijn zus en haar nieuwe leven in Londen, kwam ik een lezing tegen van maatschappijwetenschapper Brené Brown, over het verschil tussen schaamte en schuld, en het voelde of er ineens een fundamentele waarheid over mezelf op zijn plek viel.

Schuldgevoel en schaamte, zo legde ze uit, zijn totaal verschillende emoties. Een schuldgevoel krijg je als je iets verkeerd hebt gedaan; schaamte is het gevoel dat je verkeerd *bent*. Een schuldgevoel wordt intern geconstrueerd, doordat we zelfkennis hebben en kunnen inzien hoe ons gedrag heeft afgeweken van het zelf dat we herkennen; schaamte, aan de andere kant, wordt ons door anderen gegeven. Schaamte is anorganisch.

Een schuldgevoel zegt: 'Ik heb een fout begaan.'

Schaamte zegt: 'Ik ben een fout.'

Om ons schuldig te voelen, moeten we erkennen dat we hebben gehandeld op een manier waar we spijt van hebben, op een onkarakteristieke manier. Dit proces is onmogelijk voor mensen die met schaamte leven: ons karakter bestáát uit schaamte.

Het heeft geen zin om te zeggen dat ons gedrag tegen onze persoonlijkheid indruist, als we niet eens een noemenswaardige 'persoonlijkheid' hebben. Schaamte slokt ons van binnenuit op en laat ons leeg achter: zonder vaste vorm, randen, grenzen of structuur.

In de traumaliteratuur staat dit bekend als een gebrek aan 'zelfleiderschap'. Als je ontwikkeling wordt gedefinieerd, of onderbroken, door geweld, wordt het onmogelijk een duidelijk zelfbeeld te ontwikkelen. Dit komt doordat je innerlijk – je vermogen om keuzes te maken, te begrijpen wat je wel en niet wilt in de wereld – zich alleen kan ontwikkelen in een veilige omgeving. Pas op een veilige plek kun je naar binnen kijken. Als je leeft in de greep van geweld, heb je die luxe niet.

Als getraumatiseerd kind raak je eraan gewend dat je jezelf moet beschermen, en daardoor ontwikkel je een vlijmscherp bewustzijn van je directe omgeving. Je moet gevaar van een grote afstand kunnen ruiken. Je wordt hyperalert.

Als je de vecht-, vlucht- of bevriesreactie eenmaal hebt meegemaakt, vooral als dat in een daadwerkelijk levensbedreigende situatie was, leeft die voort in je lichaam, om dan in het dagelijks leven keer op keer aan de oppervlakte te verschijnen. Wetenschappers spreken van een neiging naar de valspositieve fout: zodra je leert hoe gevaarlijk de wereld kan zijn, zul je ieder moment van ambiguïteit als gevaarlijk interpreteren.

Vanuit evolutionair perspectief is hyperalertheid erg praktisch. Maar als trauma een chronisch probleem wordt en hyperalertheid in een manier van leven, belet dit overlevingsinstinct ons juist, ironisch genoeg, van het leiden van een normaal leven. We veranderen in slechts een bundel reacties, zonder innerlijke kern, bijeengeraapt door omstandigheden. Een precaire lijm. Het enige zelfbeeld dat we kunnen vinden, bestaat uit de spiegel die anderen ons voorhouden. We zoeken in andermans gedrag naar sporen van wat voor soort mens we zijn. Hierdoor leren we een apart goocheltrucje: we kunnen van het ene op het andere moment een nieuwe persoonlijkheid opwekken, afhankelijk van het publiek. Als de boom die omvalt in het spreekwoordelijke bos, hebben we het gevoel dat we niet echt bestaan als er niemand aanwezig is om ons te observeren.

En zo leerde ik, toen ik ouder werd, in de buurt van verschillende mensen verschillende versies van mezelf te cultiveren. Ik leerde naar iedereen terug te kaatsen wat diegene leuk vond aan zichzelf. Ik leerde dat dit de meest trefzekere manier is om mensen voor je te winnen. Ik was geen meisje meer. Ik was een spiegel.

Ik bood aan waar het publiek om vroeg. Ik eiste niets terug omdat ik geen zelf had om te onderhouden. Ik schiep een persoonlijkheid op grond van mijn onbeperkte vermogen om aan andermans behoeften te voldoen.

Ik zat een keer bij een goede vriendin thuis met een jongen te sms'en om plannen te maken voor die avond. Hij hield overduidelijk zijn opties open, was niet eens een beetje geïnteresseerd in mij als persoon. Ik zei steeds tegen mijn vriendin: 'Ik vraag me af wanneer hij wat terugstuurt, zodat ik weet wat ik vanavond ga doen.' Ze kon zich niets voorstellen bij dit vooruitzicht: 'Wat wil je zelf eigenlijk doen?' Ik had geen antwoord en het bleef even stil. Ik had geen flauw benul wat ik wilde doen. Dat was niet iets waar ik ooit over nadacht.

Ik verzweeg een keer mijn dringende behoefte aan een glas water op een klamme zomerdag in Sydney, ondanks het feit dat iemand me er een aanbood, omdat ik zo bang was om iemand tot last te zijn. Het was bijna alsof ik bang was dat, als ik het aanbod aan zou nemen, ze zouden opmerken dat ik er was.

Ik verzweeg een keer mijn behoefte aan morfine voor een verpleegkundige op de eerste hulp, omdat ik zag dat ze het druk had en ik haar niet nog meer stress wilde bezorgen. De waarheid was dat ik de morfine nodig had. En hard ook. Maar dat was een interne behoefte, en ik had geleerd dat externe signalen altijd voorrang moesten krijgen.

Het idee van een gebrek aan zelfleiderschap, een gebrek aan een innerlijk, een stabiele persoonlijkheid, is verbonden met ons diepgewortelde geloof dat er in ons binnenste iets zit dat rot is; iets schadelijks en giftigs en onveranderlijks. We houden anderen tevreden om te zorgen dat niemand ons ooit te veel aandacht schenkt. We verbergen onszelf omdat we ons zo schamen dat we bang zijn dat als we gezien worden, onze rottende kern ook gezien wordt. Het is een voortdurende daad van verdwijning.

———

Ik merkte dat ik niet alleen afhankelijk was van andermans goedkeuring, maar ook van externe symbolen van succes: hoge cijfers, gouden medailles en perfecte rapporten. Ik bleef hele nachten wakker om al het huiswerk dat ik inleverde tot in de puntjes te verzorgen, omdat ik wist dat als ik een hoog cijfer haalde, ik iets had om me aan vast te klampen. 'Kijk,' kon ik dan tegen mezelf zeggen, 'dit ben ik.'

Schaamte legt ons het zwijgen op en verspreidt onze stilte naar anderen. Het is een dodelijk virus. Als schaamte gelijk staat aan uitwissing, dan moet het tegenovergestelde ervan wel zijn dat we aandringen op structuur: op vastheid, op vorm. Dat moet dan wel een vastberaden aandringen zijn om gezien te worden. Door de waarheid te vertellen.

Ik keek opnieuw naar het briefje van mijn mentor. Ze had niet alleen die vraag opgeschreven, maar ook mijn antwoorden doorgekrast en vervangen met haar eigen antwoorden, zodat er nu stond:

> Ik ben een goed mens 9/10
> Ik ben egoïstisch 3/10
> Ik verdien het om gelukkig te zijn 10/10

Wekenlang had ik dat briefje in mijn zak, waar ik ook naartoe ging, en probeerde ik de behandeling van mijn posttraumatische stressstoornis serieus te nemen.

Ik zat in het laatste jaar van mijn rechtenstudie en probeerde wanhopig alles op een rijtje te houden. Ik had werk dat
ik fantastisch vond, maar dat ik steeds minder goed kon
bijhouden. Ik was vastberaden om zo ver van mijn aandoeningen weg te lopen dat ik hun gezamenlijke oorzaak nooit
onder ogen zou hoeven zien. Ik was een meisje dat wanhopig beter wilde worden, dat stiekem de uitweg wel kende,
maar die niet kon accepteren. Niet kon accepteren dat ze,
om beter te worden, alles zou moeten vertellen; dat ze haar
belangrijkste belofte aan zichzelf zou moeten breken.

Omdat het me zo veel pijn had bezorgd en omdat zo veel
artsen me ervan hadden overtuigd dat het onbetrouwbaar
was, haatte ik mijn lichaam. Ik wantrouwde het enorm, ik
wilde dat het zou verdwijnen. Ik wilde een nieuw lijf. Maar
in plaats daarvan liet ik het, in de tien jaar tussen mijn misbruik en herstel, met alle operaties en artsen en vraagte-
kens, gewoonweg in de steek. Ik erkende de pijn alleen als
die me fysiek belemmerde; de rest van de tijd verdoofde
ik mijn lichaam met zware pijnstillers, alcohol en een flinke dosis zelfhaat. Tegen de tijd dat mijn laatste tentamens
naderden, ging mijn fysieke en mentale gezondheid hard
achteruit.

Het is vreemd dat de dissociatieve vecht-, vlucht- of bevriesreactie zo vernietigend kan zijn, want het evolutionaire
doel ervan spreekt zo voor zich: het is erop gericht ons te
behoeden voor pijn in de laatste momenten van ons leven,

momenten waarvan de hersenen denken ze niet in een narratief te hoeven schikken, omdat ze ervan uitgaan dat ze niet lang genoeg in leven zullen blijven om het verhaal te kunnen navertellen.

Helaas betekent dit dat het doorstaan van zulke momenten een subversie is waar de hersenen niet volledig mee om kunnen gaan, en worden we lichamelijk gekweld terwijl we ze een plek proberen te geven. Dat is de reden dat we overlevers genoemd worden.

Ik heb me door de voorbereidingen van een belangrijke rechtszaak geworsteld, ik heb een rechtenscriptie geschreven en geprobeerd daarnaast nog wat freelance journalistiek te bedrijven. Ik leidde mezelf af. Ik was nog steeds niet in staat de waarheid van mijn ziekte, en van de verkrachting, te accepteren, maar werd wel geplaagd door nachtmerries en herinneringen die me omsingelden als een roedel wolven.

Op een avond aan het eind van 2017 ging ik mee naar huis met een man met wie ik al eerder een onvrijwillige seksuele ervaring had gehad. Ik wist dat hij agressief was. Ik zei tegen hem dat ik pijn had en geen seks kon hebben, en hij deed alsof hij dat best vond.

Een trouwe vriendin, een van de weinige mensen die wisten wat ik doormaakte, probeerde me over te halen niet met hem mee te gaan. Toen dat niet lukte, sms'te ze me onderweg nog drie keer om te zeggen dat ik gewoon naar huis kon gaan, ik was nergens toe verplicht. Ik bedankte haar, welgemeend, maar bleef toch bij hem in de Uber zitten. Bevroren.

Als het lichaam een hoge mate van traumatische stress ervaart, raakt het soms zo overweldigd dat het zich simpelweg overgeeft aan de bedreiging. In zo'n bizarre, anti-evolutionaire staat, brengen we onszelf in gevaar om het gevoel van hulpeloosheid te verdoven.

Dit is ook waargenomen bij vulkaanuitbarstingen, waarbij dieren zo overweldigd raken door de stress van het gebeuren dat ze naar de lava toe rennen. Er was ooit een vulkaan-uitbarsting op een Indonesisch eiland waarna sporen zijn gevonden van verschillende soorten dieren die in de richting van het gevaar waren gelopen, waaronder zeeleeuwen die een volkomen veilige manier hadden om te ontsnappen door gewoon onder water te blijven en weg te zwemmen. In plaats daarvan zwommen ze richting de vulkaan en lieten zich levend verbranden.

Dus daar zat ik, in de Uber, toe te kijken hoe de bezorgde sms'jes van mijn lieve vriendin binnen bleven komen, terwijl ik net zo goed als zij wist dat ik op dat moment in volle vaart richting de vulkaan zwom.

Toen we bij hem thuis aankwamen, drong hij aan op seks ondanks mijn pijn. In mijn hoofd schreeuwde ik het uit van de pijn en ellende, maar mijn lichaam hing slap en mijn stem had mijn keel verlaten en zich ergens verstopt. Ik herinner me nog precies het gevoel dat ik opnieuw boven mijn lichaam zweefde, toekeek terwijl ik een wakende nacht-merrie herbeleefde. Ik voelde op dat moment geen pijn. Ik keek alleen maar toe. Ik wachtte af.

Toen het voorbij was keerde ik terug naar mijn lichaam

en was de pijn ondraaglijk. Ik wilde zielsgraag opstaan en vertrekken, maar de pijn in mijn buik was zo scherp dat ik mijn benen niet kon bewegen. Ik spoorde ze aan de kracht te vinden, maar ze weigerden.

Ik lag daar maar en liet de schaamte over me heen komen en wenste op de een of andere manier te kunnen verdwijnen. Ik wilde dat niemand me nog ooit te zien of te horen zou krijgen. Op dat moment hoopte ik op de genade van een vulkaanuitbarsting; op de snelheid waarmee die me zou verwoesten zonder een spoor van mezelf achter te laten.

De volgende dag ging ik naar huis en probeerde ik te doen of het niet gebeurd was, maar toen ik de douche aanzette, had ik pijn in mijn polsen door de manier waarop hij ze had vastgehouden. Mijn benen bleven nog dagenlang natrillen. Ik lag in mijn kamer en vroeg me af hoe ik zoiets gevaarlijks had kunnen doen, terwijl ik wist hoeveel pijn het me zou opleveren.

Ik wist het toen nog niet, dat van die zeeleeuwen.

Maar dit was meer dan een verwarde evolutionaire reactie op gevaar; het was een vorm van zelfverminking. Ik bracht mezelf niet in die situatie ondanks het feit dat het pijn zou doen, ik deed het juist om de pijn te voelen. Ik schaamde me zo diep voor mijn verleden dat ik mezelf strafte door het weer op te zoeken.

Traumaonderzoek heeft het bestaan van dit verlangen naar 'reconstructie' onder overlevers aangetoond. Het houdt in dat mensen die niet aan hun trauma kunnen ontsnappen, een neuropathologie ontwikkelen waardoor ze worden aangetrokken tot situaties waarin hun traumatische ervaring wordt nagebootst.

Dat doen we omdat onze vecht-of-vluchtreactie door trauma geen nut meer heeft, waardoor we hulpeloos achterblijven. Als de reactie intreedt, gaat het lichaam een heleboel energie aanmaken in de spieren en het bloed, als voorbereiding op een ontsnapping, maar deze energie wordt nooit ontladen. Dus zijn we, lichamelijk en mentaal, steeds weer op zoek naar situaties waarin we deze energie kwijt kunnen, zodat we onszelf kunnen bevrijden van de lichamelijke schade die ze ons toebrengt.

We zoeken naar een reconstructie van ons trauma omdat we willen bewijzen dat het anders kan aflopen, omdat het lichaam evolutionair geconditioneerd is om zijn eigen fouten op te lossen in het belang van de soort. Het probleem is dat we de bevriesreactie niet horen te overleven en dat ze dus, biologisch gezien, niet geschikt is voor het proces van reconstructie.

Hierdoor zijn mensen met een trauma gedoemd tot een leven waarin gevaar constant aanwezig lijkt te zijn. Dit internaliseren we. Jude, de hoofdpersoon van *Een klein leven* van Hanya Yanagihara, is een volwassen man die als kind seksueel misbruikt is en in zijn latere leven weer steeds in situaties van misbruik terechtkomt. Het personage mijmert:

Volgens het axioma van gelijkheid is x altijd gelijk aan x: het gaat ervan uit dat als je een theoretisch iets hebt, genaamd x, dit altijd gelijkwaardig aan zichzelf moet zijn, dat het iets unieks heeft, iets wat zo onreduceerbaar is dat aangenomen mag worden dat het voor altijd absoluut, onveranderbaar equivalent aan zichzelf is, zo elementair dat het nooit kan worden veranderd. [...]

Wie ik was zal altijd blijven wie ik ben, beseft hij [...] een persoon die anderen afkeer inboezemt, een persoon geknipt om verafschuwd te worden.

In Jude's optiek vertegenwoordigt deze wiskundige formule een compleet mensenleven: x zal altijd gelijk zijn aan x. Hoe ver je ook van jezelf wegrent, hoe snel je ook gaat, je zult altijd dezelfde onreduceerbare, rotte kern bevatten. Als het personage een stuk ouder is en een gewelddadige relatie heeft met de zoveelste misbruiker, gooit zijn partner hem van de trap, en terwijl hij het bot in zijn schouder hoort breken tegen het cement onder zich, denk hij bij zichzelf: 'x = x, x = x'.

Ik reconstrueerde mijn verkrachting door mezelf constant bloot te stellen aan mannen die zich aan me zouden opdringen, door de pijn en mijn bevriesreactie steeds te negeren. Ik zocht de ene na de andere relatie op waarin mijn instemming niets uitmaakte omdat mijn lichaam getraind was om diezelfde scène na te spelen, keer op keer, als een generale repetitie voor de dood, enkel om te bewijzen dat het kon overleven.

Mijn geest, verward door een hyperalert gevoel van onheil, bracht me juist in gevaar. Mijn lichaam schreeuwde uit protest, maar ik bleef doorgaan. Terwijl ik deze momenten van hulpeloosheid reconstrueerde, viel ik ten prooi aan het wanhopige verlangen van mijn geest om te ontsnappen door middel van zelfverwoesting. Ik vond steeds nieuwe manieren om te verdwijnen.

Ik legde een arsenaal aan destructieve gewoonten aan, om het deel van mezelf dat onzichtbaar wilde worden tevreden te stellen, zonder risico te lopen op permanente zelfbeschadiging. Ik zat achter mannen aan die niets om me gaven, enkel en alleen om voor mezelf te bewijzen dat ik onwaardig was. Mensen die aardig tegen me deden, joeg ik weg om precies dezelfde reden. Het kwam nooit in me op dat ik zelf verantwoordelijk was voor mijn teleurstellingen.

Zodra trauma je in zijn macht heeft, laat het je niet meer los. En zo blijven we ons steeds opnieuw traumatiseren, in de overtuiging dat we verdorven zijn, omdat wij van die mensen zijn waarmee het altijd mis gaat, terwijl het in feite de springlevende herinnering is aan de eerste keer dat het mis ging, die ons steeds terugstuurt, keer op keer op keer, naar de vulkaan.

Een zelfvervullende voorspelling.

Telkens als ik seks had dat laatste semester, deed het zo veel pijn dat ik vaak dagenlang in bed moest blijven liggen; soms moest ik zelfs naar het ziekenhuis door de zware impact die de indringing had op mijn lichaam. En toch bleef ik het doen, bleef ik de schaamte en pijn opzoeken die ik telkens voelde nadat ik weer voor mezelf had bevestigd dat ik nooit over mijn verleden heen zou komen.

Als ik nu aan die tijd terugdenk, lijkt het erop dat de herinnering van de verkrachting me toen werkelijk begon in te halen. Ik ging er in steeds meer detail over dromen. Mijn pijn werd ondraaglijk en was bijna constant aanwezig. Na de seks moest ik urenlang overgeven om mezelf te ontdoen van het doordringende gevoel waarmee ik achterbleef.

En zo kwam het dat de schaamte die ik altijd had gevoeld over het feit dat ik een zieke vrouw was, een mislukte vrouw, werd versterkt door mijn eerste bewuste besef dat ik ook nog eens een verkrachtingsslachtoffer was.

Overdag lukte het me meestal te werken op het advocaten-bureau, maar de nachten waren het ergst: ik voelde me te slecht om te slapen, was te vastberaden om de volgende dag weer aan het werk te gaan om fatsoenlijke pijnstillers in te nemen, te uitgeput door mijn ziekte om nog een nacht slaap te missen. Overdag leek het alsof ik ermee om kon gaan, maar het was 's nachts dat ik besefte dat de structuur die ik om mezelf heen had gebouwd, op instorten stond; ik voelde al iets afbrokkelen, ergens in mijn binnenste.

De pijn werd alleen maar erger, net als het overgeven, de tremoren. De herinneringen haalden me in en ik was de stuwende kracht kwijt die ik nodig had om weg te blijven rennen.

De pijn werd ondraaglijk en steeds moeilijker te verbergen. Ik viel zeven kilo af in vier weken. De helft van wat ik at kotste ik zonder verklaring weer uit, en ik begon zo hevig te beven dat ik mijn vrienden om hulp moest vragen met mijn make-up. Het lukte niet meer om elke dag naar colleges of werk te gaan. Mijn bloeddruk ging omlaag en ik viel steeds op willekeurige momenten flauw.

Mijn tremoren en gewichtsverlies begonnen op te vallen en een goede vriend vroeg hoe het met me ging. Ik zei dat ik mijn handen niet meer onder controle had en dat ik regelmatig zonder waarschuwing instortte. Hij keek bezorgd en zei dat ik de dokter moest bellen. Ik knikte afwezig en staarde in mijn wijnglas.

'Waarom bel je de huisarts niet?' vroeg hij.

Op dat moment was ik zo zwak dat ik iets opbiechtte wat ik nog nooit eerder had bekend, zelfs niet aan mezelf.

'Ik ben bang.'

Hij hield mijn handen vast en zei dat het wel goed zou komen. Terwijl we daar stonden, in zijn keuken, voelde ik iets dat ik nooit had verwacht te voelen: ik was opgelucht dat ik mijn angst aan hem had opgebiecht. Ik was opgelucht dat hij mijn handen vasthield en ik was opgelucht dat ik dat toeliet. Het voelde fijn dat iemand zich over me ontfermde. Het was februari 2018 en dat was de eerste keer dat ik dacht dat ik er misschien wel klaar voor was om om hulp te vragen. Later die week werd ik zesentwintig. Het voelde niet alsof ik iets te vieren had.

Op een dag in de week daarna vertrok ik al na een halve

ochtend van mijn werk en plofte neer op bed. Acht uur later werd ik wakker, met mijn rugzak nog om en mijn schoenen nog aan, gedesoriënteerd en bang. Eenmaal wakker was ik helemaal de kluts kwijt; ik kon mijn armen niet bewegen en had geen gevoel in mijn benen. De pijn in mijn onderbuik was verblindend. Het voelde alsof elk van mijn gewrichten in brand stond, waardoor ik geen spier kon verroeren. Ik moest studeren voor een rechtenexamen, maar ik kon niet eens wakker blijven.

Het was begin maart 2018 en ik was maar een paar maanden verwijderd van mijn afstuderen. Ik had gedacht dat ik er wel doorheen zou komen. Maar ik had mijn lichaam zo lang geforceerd door te gaan dat ik weer compleet hulpeloos achterbleef. Ik was recht op de vulkaan afgezwommen en had het niet eens door.

Ik pakte wat codeïne en nam die in, zodat ik weer kon terugkeren naar de bewusteloosheid.

De volgende keer dat ik wakker werd, was bijna vierentwintig uur later. Ik wist niet zeker of ik een overdosis had genomen of dat mijn lichaam echt begon op te raken. Ik doorkruiste Sydney in een Uber om naar mijn huisarts te gaan. Tegen de tijd dat ik daar aankwam, was ik nauwelijks meer bij kennis. Mijn bloeddruk was gevaarlijk laag. De dokter ontdekte dat ik vijf kilo was afgevallen sinds de vorige keer dat ze me woog, twee weken daarvoor.

Ze belde een taxi en stuurde me naar het ziekenhuis. De artsen wilden me nog een steroïdenkuur geven, maar die weigerde ik. Er kwam een diëtist langs die me een krachtig poeder voorschreef als aanvullende voeding en me vertelde dat ik nog twee of drie dagen had om weer op een normaal gewicht te komen, voordat mijn lichaam zich zou aanpassen aan een staat van ondervoeding.

Toen de artsen me de ernst van de situatie duidelijk probeerden te maken, gebruikten ze steeds woorden als 'instorten' en 'uitschakelen'.

Ik merk nu dat deze termen ook vaak worden gebruikt in de traumawetenschap. Deze artsen gebruikten ze uiteraard niet op die manier. Ze beschreven gewoonweg hoe ze me zagen: als een lichamelijke gestalte die was afgetakeld tot het punt dat er bijna niks meer aan functioneerde. Maar het lijkt me veelbetekenend dat deze toestand zo veel lijkt op toestanden die tijdens een traumatische ervaring voorkomen; het laat zien hoe verraderlijk de hersenen kunnen zijn. Het maakt niet uit hoe ver je wegrent, of hoe snel, ze zullen je toch wel inhalen, zodat je weer terug bent bij af.

Ik heb altijd mijn best gedaan om ruimhartig te zijn, maar op dat punt in mijn leven was ik genadeloos onaardig tegen zo ongeveer iedereen om me heen. Ik zei en dacht gemene dingen over mensen die zoiets nooit hadden verdiend. Ik was onverbiddelijk in mijn benadering van mensen die in hun hulp tekortschoten, ook al lukte het me nog steeds niet mezelf te helpen.

Ik had een hekel aan iedereen omdat ik bezweek onder het gewicht van mijn eigen zelfhaat. Het was alsof ik die afkeer moest uitdelen, voordat ik er levend door zou worden begraven. Of misschien was ik er zo goed in geworden mezelf te kwellen, dat het zich naar anderen had verspreid. Misschien lekt woede wel uit.

Mijn gewicht nam af tot 43 kilo en ik leek wel een skelet. De zoveelste daad van verdwijning.

Terwijl ik een keer 's ochtends op de ziekenhuisweegschaal stond, en de artsen wanhopig probeerden te zien of ik was aangekomen, keek ik naar de knipperende digitale cijfers, 43, en herinnerde ik me plots dat ik dat getal eerder op een weegschaal had zien staan.

Jaren eerder, ongeveer vijf jaar na de verkrachting, had ik een eetstoornis ontwikkeld waardoor ik mezelf uithongerde en overgaf telkens als ik mijn eigen regels overtrad. Ik had zo'n hekel aan mijn lijf dat ik nauwelijks nog de deur uit ging. Dus begon ik het af te breken, te vernietigen, te reduceren tot ik het amper nog kon zien.

Ik liet toen vaak de douche lopen terwijl ik mijn lunch uitkotste, zodat mijn huisgenoten het niet zouden merken.

Net voordat ik besefte hoe ziek ik was en besloot hulp te zoeken, was ik afgevallen tot 43 kilo. Daar was het weer, datzelfde getal, al die jaren later.

Links- of rechtsom, het lichaam houdt de score bij.

Tegen eind maart waren mijn tremoren bijna niet meer te beheersen. Ik nodigde een nieuwe vriend uit voor een kopje thee en schonk per ongeluk kokend water over mijn blote hand, doordat ik mijn vingers niet onder controle had.

'Wat ben ik toch een kluns,' zei ik tegen hem, terwijl ik mijn hoofd schudde.

De mensen in mijn nabije omgeving maakten zich zorgen: ik was net een skelet en mijn tremoren waren verontrustend zichtbaar. Ik onderging mijn pijn niet meer zo stoïcijns als ze van me gewend waren. Ik kreeg last van dagenlange episoden waarin de ontstekingspijn in mijn gewrichten zo hevig was, dat ik nauwelijks nog kon bewegen. Ik lag daar maar, naar het plafond te staren, in de hoop dat er een einde aan kwam, het maakte niet uit hoe.

Door de zweren die tijdens een opvlamming van Crohn in mijn mond ontstonden, kon ik geen vast voedsel meer eten, want steeds als ik het probeerde vulde mijn mond zich met bloed. Elke maaltijd bestond voortaan uit soep in bed. Telkens als ik mijn tanden poetste, hoe voorzichtig ook, barstten alle wonden in mijn mond weer open, en stond ik na zo'n twintig seconden te poetsen met mijn eigen bloed. Dus stopte ik met tandenpoetsen. Daarna stopte ik met douchen. Daarna kwam ik helemaal niet meer uit bed.

Ik nam langdurig ziekteverlof en liep de deur van het ziekenhuis plat, terwijl ze mijn gewicht in de gaten hielden en probeerden uit te zoeken waarom niets leek te baten. Telkens drong ik aan op ontslag, omdat elke opname voelde als een gloednieuwe mislukking. Ik wist dat ik te ziek was om thuis te blijven, vooral in een kamerwoning in Sydney waar niemand meer bijhield waar ik uithing, maar ik weigerde toe te geven dat ik in het ziekenhuis moest blijven. Bezorgde artsen in dure pakken probeerden me over te halen, maar lieten me uiteindelijk toch naar huis gaan, om me een paar dagen later weer op de afdeling te zien verschijnen.

Op een dag ging ik naar mijn huisarts voor een controle, en toen ze me woog, merkte ze dat mijn gewicht nog steeds snel afnam.

'Je hoort in het ziekenhuis te liggen,' zei ze.

'Dit is niet veilig.'

Ik bedankte haar voor het advies, maar zei dat een van mijn beste vriendinnen die vrijdag buiten de stad zou trouwen en ik de bruiloft voor geen goud wilde missen. Ze keek me aan alsof ik gek was, maar ik meende het echt. Ik hield heel veel van mijn vrienden en wilde dolgraag in hun blijdschap delen.

Ook al was er een groot deel van mezelf dat dood wilde, ik wilde nog liever naar die bruiloft. Ik wilde op zijn minst tot dan in leven blijven.

Ik heb de ceremonie doorstaan en redde het zelfs tot het feest erna, maar op dat moment merkte ik echt dat ik gevaar liep. In de ochtend had ik nog wanhopig geprobeerd om niet voor problemen te zorgen, om mijn ziekte niet centraal te stellen op deze gelukkige dag, en toch: tegen het eind van de avond maakte het me niet meer uit als ik dood op de dansvloer zou neervallen. Tot die avond had ik deze versie van mezelf – zo egoïstisch, zo onachtzaam – nog nooit eerder ontmoet.

Die nacht toen in bed lag, was de pijn zo intens dat ik ervan overtuigd was dat ik doodging. 'Dit was het dan,' dacht ik.

Ik weet nog dat ik me schuldig voelde tegenover de twee mannen met wie ik een kamer deelde, die ik pas een paar maanden eerder had ontmoet, omdat zij mijn lichaam de volgende ochtend zouden aantreffen. Ik voelde me rot voor mijn vriendin, een van mijn beste en dierbaarste vriendinnen, wier bruiloft voor altijd getekend zou zijn door mijn grote en dramatische afgang. Maar voor het eerst in mijn leven werd mijn schuldgevoel door iets anders overstemd: ik wilde gewoon dat het voorbij was.

Een paar dagen later lag ik in bed zelfmoord te plannen. Het lijkt wreed dat je hersenen je ervan kunnen overtuigen dat je dood wilt, nadat je lichaam zo hard zijn best heeft gedaan om je in leven te houden.

Ik lag na te denken hoe ik het zou aanpakken, hoe ik mijn huisgenoten zo min mogelijk gedoe kon bezorgen. Ik ben nooit religieus geweest, maar toen ik daar lag, met mijn armen om mijn knieën, merkte ik dat ik steeds dezelfde woorden bleef herhalen.

Het waren woorden die ik had geleerd van *The Handmaid's Tale,* van Margaret Atwood. De hoofdpersoon, June Osborne, vertelt over de etymologie van het woord 'mayday'. Het is een verengelste versie van de Franse uitdrukking 'm'aidez'. Het betekent: help me.

Ik ging die woorden in mijn hoofd herhalen, steeds opnieuw, als een soort gebed. Ze vormden een ritme dat urenlang bleef aanhouden. Het ging zo: eerst de gangbare

Engelse versie, daarna het Frans, en dan de Engelse vertaling, drie keer achter elkaar.

> Mayday.
> M'aidez.
> Help me.
> Help me.
> Help me.

Pas na die dag begon ik serieus na te denken over de mogelijkheid dat mijn lichamelijke beperking, wellicht, een gevolg van het misbruik zou kunnen zijn. Dat was het moment dat ik besefte dat ik misschien eindelijk iets van vrede zou kunnen vinden, als ik het verband tussen de twee begreep.

Ik had alles geprobeerd om beter te worden, en niets had gewerkt. Ik was eindelijk klaar voor deze laatste poging. Zelfs als ik daarvoor die ene belofte aan mezelf moest breken.

Nadat ik die dag zo serieus met zelfmoord bezig was geweest, drong pas tot me door hoe weinig het had gescheeld of ik was door deze herinnering kopje onder gegaan. Hierdoor moest ik weer denken aan een andere regel uit de serie die van Atwoods boek is gemaakt. June, de verteller, zit gevangen in een theocratische nachtmerrie waarin ze herhaaldelijk wordt blootgesteld aan rituele verkrachting, en zegt tegen de kijker: 'Ik ben van plan te overleven.'

Door deze regel drong pas echt de ware betekenis van het woord 'overlever' tot me door. Het verwijst niet alleen naar het overleven van de traumatische gebeurtenis zelf, maar ook de alledaagse angst die erop volgt. De dagen en weken en jaren van schaamte die erop volgen. Op sommige dagen denk ik dat dit laatste aspect me dichter bij de dood heeft gebracht, dan de man met het mes. Maar ik ben van plan te overleven.

V

Met dit huis ben ik ter wereld gekomen
Het was mijn eerste huis
Het zal mijn laatste huis zijn
Je kunt het niet innemen

RUPI KAUR
'Huis'

HERSTEL

Toen ik vijftien was werd ik aangevallen door een volwassen man met een mes. Ik was kind. Ik was topsporter. Ik kende geen angst. Niets was belangrijker voor me dan de manier waarop mijn lichaam werkte, dan de ongelofelijke dingen die het kon doen, hoe het kon vliegen als geen ander. Ik was bezeten door het lef van zelfvertrouwen. En toen maakte mijn leven een duikvlucht. Ik belandde in de goot waar ik thuishoorde, waar ik machteloos stond, waar niemand me op zou merken.

Het lichaam waarin ik me zo op mijn gemak had gevoeld, het huis dat ik voor mezelf had gebouwd, veranderde in een slagveld. Iets dat me altijd helder had geleken, werd compleet ondoorzichtig. Ik begreep niets van de beweging van mijn spieren, ik begreep niets van de pijn in mijn botten, ik begreep niet waarom ik mijn evenwicht had verloren.

Ik zat onder de blauwe plekken en iets in mijn binnenste was gebroken. Binnen een paar minuten was ik kwijtgeraakt waar ik mijn hele leven aan gewerkt had. Ik was voortaan slechts te gast in mijn eigen huid. Ik bleef maar wegrennen en deed er tien jaar over om mijn weg terug te vinden. Ik deed er tien jaar over om het ook maar te proberen.

Maar langzaamaan drong door dat ik, om beter te worden, de moed moest vinden om me mijn lichaam weer toe te eigenen. Dat ik de moed moest vinden om alle pijn, alle zwaktc ervan te voelen, om in te zien hoe gebroken en verscheurd het was. Pas toen ik daarmee begon, leerden mijn lichaam en ik elkaar weer beter te verstaan.

Psycholoog Elizabeth Waites omschrijft trauma als 'schade aan lichaam en geest waarvoor structurele reparatie is vereist.' Ik had heel lang gedaan alsof ik geen schade had geleden, maar dat had ik wel. Ik had een structurele reparatie nodig en niets minder dan dat zou me helpen.

Bij mijn eerste baan als journalist schreef ik over kwesties rondom de veiligheid van vrouwen – voornamelijk in verband met seksueel misbruik en huiselijk geweld. Op mijn drieëntwintigste had ik een artikel geschreven over bepaalde lichamelijke gevolgen van verkrachting. Ik ging terug naar mijn aantekeningen bij dat stuk en begon mijn eigen aanwijzingen te volgen – het was een spoor dat ik voor mezelf had achtergelaten, lang voordat ik wist waar het me naartoe zou leiden. Ik heb avonden lang het internet afgestruind om te weten te komen wie me kon helpen. Ik begon boeken te lezen over posttraumatische stress. Ik onderzocht de behandelmethoden, de kenmerkende symptomen. Toen ik genoeg had gelezen om te accepteren dat dit misschien wel deel uitmaakte van mijn verhaal, belde ik psychologen en fysiotherapeuten en specialisten en zei dat ik dringend een afspraak nodig had. Terwijl de wachtmuziek zich steeds herhaalde, smeekte ik vanbinnen dat er iemand zou opnemen voordat ik van gedachten was veranderd.

Ik vond een medisch psychotherapeut die me meer heeft geholpen dan ik ooit had durven dromen. Hij heeft me door behandelsessies geloodst van een confronterende behandeling genaamd Eye Movement Desensitization and Reprocessing (EMDR): een intensieve therapie waarbij vlugge oogbewegingen worden gebruikt en de hersenen in een veilige omgeving gedwongen worden een herinnering naar voren te halen, waarna die kan worden verwerkt als een doorleefde gebeurtenis. Deze therapie zorgt ervoor dat het verleden en het heden elkaar eindelijk kunnen loslaten.

Ik leerde te herkennen welke prikkels de fragmenten van de herinnering in mijn geheugen doen opleven: het geluid van een glazen fles die tijdens een feestje per abuis stukvalt, de geur van een specifieke combinatie van whisky en sigaretten uit de mond van een man, de echo die je hoort als je per ongeluk je elleboog stoot tegen de wand van een openbaar toilet. De duivel zit blijkbaar echt in het detail.

Ik vond een seksuoloog die zich heeft gewijd aan de zorg voor mijn seksuele gezondheid. Tijdens onze eerste afspraak vertelde ik haar over mijn verkrachting en zei ze dat ik dapper was. Ik moest huilen. Ze vroeg wie er nog meer van wist. 'Bijna niemand,' zei ik. Ze keek diepbedroefd.

'Je hebt deze verkrachting al meer dan tien jaar in je lichaam meegedragen, helemaal in je eentje,' zei ze na een tijdje.

Ik wist toen nog niet genoeg over de fysiologie van trauma om te begrijpen wat ze bedoelde, maar inmiddels wel, en ik ben haar ontzettend dankbaar voor het erkennen van wat me was overkomen, maanden voordat ik het zelf pas zou kunnen erkennen.

Ze leerde me dat er een aandoening bestond die vaginisme heet, waarbij de spieren van de vagina en de bekkenbodem zo verkrampen van de pijn, dat ze helemaal niet meer functioneren. Ze vertelde me ook dat na een aanval, het lichaam de zenuwbanen in specifieke lichaamsdelen volledig kan afsluiten om pijn te voorkomen, als een soort permanente pijnstilling.

Samen hebben we eraan gewerkt om te zorgen dat ik me veilig genoeg zou voelen om mijn lichaam weer te bezielen, om de delen van mezelf die waren weggerend te vertellen dat ze gerust terug konden komen. Dat ik naar ze zou luisteren als ze pijn hadden. Dat ik deze keer goed voor ze zou zorgen. Ze liet me zien hoe ik oefeningen moest doen met warme en koude kompressen op verschillende delen van mijn lichaam, zodat ze weer aan het gevoel van fysieke prikkels konden wennen.

Tijdens een van onze sessies deden we een oefening genaamd 'de handen wakker maken'. Ze gaf me een voorwerp en vroeg me het vast te houden en op te letten hoe het aanvoelde in mijn handen, tussen mijn vingers. 'Wat vinden je vingers het fijnst aan dit voorwerp?' vroeg ze. Ik vroeg mijn vingers wat ze fijn vonden, welke delen van het object ze wilden aanraken, en luisterde naar hun antwoord. Ik denk dat mijn lichaam en geest op dat moment voor het eerst in tien jaar weer herenigd waren.

Mijn gynaecologisch chirurg verwees me door naar een zeer bekwame fysiotherapeut voor vrouwen, die gespecialiseerd is in het behandelen van lichamelijke gevolgen van ernstig seksueel geweld. Om de spierproblemen waarmee ik door deze ervaring ben opgezadeld te verlichten, maakt ze gebruik van interne en externe technieken vanuit de bekkenfysiotherapie. Met behulp van ademhalingstechnieken, rek- en strekoefeningen, mindfulness, massages en ontspanningsoefeningen voor de bekkenbodem, ben ik mijn lichaam aan het trainen om niet te bevriezen telkens als het wordt aangeraakt.

Dit proces is pijnlijk geweest en vermoeiend, maar het werkt.

Mijn fysiotherapeut is gespecialiseerd in seksueel misbruik en heeft tijdens onze derde sessie mijn vaginale spieren onderzocht. Dat was een intern onderzoek. Toen ik daar lag, op mijn gemak in haar aanwezigheid, dissocieerde ik niet. De maanden waarin ik had geleerd mijn lichaam opnieuw te bezielen bleken goed besteed; in plaats van weg te zweven bleef ik aanwezig, en luisterde ik. Zonder de dissociatie – toen ik eenmaal geleerd had mijn lichaam te laten vertellen wat het voelde – was de pijn bij elke aanraking van dat deel van mijn lichaam ondraaglijk. Ze probeerde de spieren van mijn bekkenbodem te onderzoeken door een vinger naar binnen te brengen, maar de pijn was zo scherp – als een zakmes – dat ik maar bleef huilen en huilen en we moesten stoppen.

Als mijn lichaam zo reageerde op de lichtste aanraking, kon ik me niet voorstellen wat ik het had aangedaan terwijl ik weg was.

Op dit soort dagen, als de ware schade van mijn verkrachting me duidelijk werd, wilde ik terugspoelen. Terugkeren naar het lichaam van het meisje dat de ernst van haar ervaring niet erkende.

Ik zag voor me hoe ik een van die grote rode borden langs een Australische éénbaanssnelweg naderde waarop staat: GEEN INRIT, GA TERUG.

Maar telkens als ik het bijna wilde opgeven, dacht ik aan de troostende woorden die mijn beste vriendin me biedt als ze merkt dat ik in de problemen zit: je komt er alleen doorheen, als je ook echt doorzet.

Dus bleef ik doorzetten.

Terwijl ik mijn best deed te genezen, leerde ik al mijn energie naar binnen te richten. Ik bracht uren achter elkaar alleen door. Ik wist nooit wie of wat me in het openbaar van slag kon maken, dus maakte ik er een kunst van om feestjes te verlaten zonder afscheid te nemen. Ik sloop weg voordat iemand me zag instorten en glipte de veilige omgeving van een Uber binnen, slechts getroost door de onverwachte vriendelijkheid van de vreemde achter het stuur. Op de achterbank bekroop me het ongemakkelijke gevoel dat ik zowel bevroren was als wegsmolt: half doodsangst, half tranen. Dan belde ik een vriendin die ik vertrouwde om te vragen of ze langs wilde komen en bij me wilde blijven tot ik in slaap viel.

Een van mijn oudste vriendinnen en ik trokken bij elkaar in en ik voelde me eindelijk tot rust komen. Ik ging niet meer uit en dronk niet meer te veel alcohol en leerde uren achterelkaar door te brengen met alleen mijn gedachten, hoe pijnlijk ze ook waren. Ik wilde nog steeds dood, maar werd steeds beter in het onderdrukken van de neiging daarnaar te handelen.

Ik liet me voortaan ook eens per week masseren om mijn spieren te laten ontspannen en te helpen herstellen van de intensieve fysiotherapie die ik onderging. Ik deed dagelijks rek- en strekoefeningen om mijn spieren te laten wennen aan beweging, nadat ze jarenlang bevroren waren geweest van de angst en pijn.

Ik beloofde mijn lichaam dat ik het niet zou blootstellen aan seks tot het er klaar voor was. Aan deze belofte heb ik me gehouden, en mijn wereld is er een stuk veiliger door geworden.

Ik dwong mezelf een uur per dag poëzie te schrijven, hoe knullig of afgezaagd mijn gedichten ook waren, om mezelf te helpen aarden. Ik leerde mediteren, en langzaam herwon ik de mentale kalmte die ik vroeger zo goed had kunnen inzetten op de turnvloer.

Ik had artsen jarenlang verafschuwd en vermeden, maar nu mocht ik van mezelf geen enkele afspraak meer overslaan. Geen smoesjes. En ook dat lukte. Elke vrijdag ging ik bij al mijn specialisten langs, de ene na de andere. Hoe weinig zin ik ook had. Hoe bang ik ook was. Hoe vermoeiend mijn herstel ook werd. Ik bleef gaan, elke week.

Ik ging aan de antidepressiva om de suïcidale gedachten die weer opspeelden door het herbeleven van de herinneringen te stillen. Ik begon spierverslappers te nemen om mijn lichaam tot rust te laten komen. Ik at voortaan elke dag kurkuma om de hevige afweerreactie van mijn lichaam te temperen. Voor het eerst in mijn leven was ik er goed in voor mezelf te zorgen. Ik werd beter in het toelaten van hulp wanneer die me werd aangeboden.

Ik las weer boeken. Als ik de behoefte had mijn herinneringen op pauze te zetten, las ik hele romans in één ruk uit. Ik lag urenlang roerloos in bad naar mijn lievelingsgedichten te luisteren op repeat, tot het water was afgekoeld en mijn vingers in rozijnen waren veranderd.

De ziekte van Crohn en endometriose zijn chronische aandoeningen. Ze kunnen behandeld worden, maar niet genezen. Dat is een diefstal waarvoor ik nooit gecompenseerd zal worden. Het is een moeizaam proces geweest om met dit feit te leren leven, maar uiteindelijk heb ik het kunnen accepteren. Het is geen bron meer van woede, of angst, of wrok. Het is gewoon hoe het is. Het heeft meer dan tien jaar geduurd, maar ik heb mezelf eindelijk verlost van de drang om te doen alsof deze verkrachting me niet was overkomen, me niet had veranderd. Ik heb eindelijk de hoop laten varen dat ik nog kan terugkeren naar het lichaam van het meisje dat ik vroeger was.

Er zitten sporen van klauwen op alles wat ik ooit heb losgelaten.

Mijn herstel is niet makkelijk geweest. Het duurde lang en was af en toe ontzettend pijnlijk en ontmoedigend. Maar ik boek vooruitgang. Ik heb deze herinnering eindelijk een passende plek weten te geven in het verhaal van mijn leven.

In een van haar inmiddels beroemde 'Dear Sugar'-columns, haalde Cheryl Strayed de volgende anekdote aan als advies voor iemand die verkracht was:

> Ik heb een vriendin die twintig jaar ouder is dan ik, en die in de loop van haar leven drie keer is verkracht. […] [Ik vroeg] hoe ze daarvan hersteld was, hoe ze nog gezonde seksuele relaties met mannen had kunnen hebben. Ze zei dat we op een bepaald moment moeten beslissen wie we toestaan invloed op ons te hebben. Ze zei: 'Ik kon mezelf toestaan me te laten beïnvloeden door drie mannen die me tegen mijn wil hadden geneukt, of ik kon mezelf toestaan me te laten beïnvloeden door van Gogh. Ik koos van Gogh.'

Toen ik deze woorden las, dacht ik aan alle schrijfsters die me gezelschap hadden gehouden tijdens de zwaarste momenten van mijn herstel. De vrouwen wier kracht me steeds vooruit stuwde, me ervan overtuigde dat er een wereld bestond die mooi en vriendelijk en veilig was en dat die voor me open lag als ik er klaar voor was.

Ik dacht aan mijn favoriete auteur, Elena Ferrante, en de manier waarop haar verhalen over vrouwelijke vriendschap me toonden dat vrouwen zowel zacht als sterk kunnen zijn; dat tederheid en kracht niet elkaars tegenpolen zijn, maar aan elkaar gelijk staan. Er is kwetsbaarheid en veerkracht nodig voor vrouwen als haar hoofdpersoon Elena Greco, om over hun gevaarlijke verleden heen te komen en zich hun verhaal toe te eigenen, in al hun complexiteit. In al hun kwetsbaarheid.

Ik kan ervoor kiezen me te laten beïnvloeden door een gewelddadige man in een verlaten toilet of ik kan ervoor kiezen me te laten beïnvloeden door de kracht en eerlijkheid van Elena.

Een paar maanden geleden nam ik voor het eerst in jaren weer balletles. Het was hartverscheurend te zien hoe stijf mijn lichaam was geworden in de jaren dat ik het verwaarloosd had, hoe diep de schade zat. Maar het was ook een ongeëvenaard plezier om herinnerd te worden, al is het maar voor even, aan het gevoel dat je sterk en krachtig en stabiel en sierlijk en mooi bent, allemaal tegelijk.

Ik nam een privéles turnen van een van de sporters die vroeger mijn tegenstander was geweest. Terwijl ze keek hoe ik mijn oefeningen weer leerde, liet ze haar ogen over mijn lichaam gaan en hoorde ik in haar woorden de echo van elke coach, elke sporter en elk jurylid waarmee ik ooit getraind had. Ze hadden allemaal dezelfde dingen opgemerkt die zij nu zag: mijn indrukwekkend hoge voetbogen, mijn overstrekte knieën, mijn koppige hamstrings. Ze beloofde me dat alles snel weer terug zou komen, en dat was ook zo. De herinneringen van hoe ik vroeger had bewogen, zaten nog steeds in mijn spieren.

Mijn lichaam had alles op zijn rechtmatige plek bewaard, in afwachting van mijn terugkomst.

VI

Anders dan in verhalen, neigt het echte leven, als het voorbij is,
niet naar helderheid, maar naar duisternis.

ELENA FERRANTE
Het verhaal van het verloren kind

OPENBARINGEN

Datzelfde weekend waarin ik terugkeerde naar de turnvloer om weer te gaan trainen, het weekend dat ik besloot
weer met mijn hoge voetbogen aan het werk te gaan, deed
ik mijn boodschappen bij een supermarkt genaamd Banana Joe's in mijn thuisstad toen de herinneringen als kogels
naar binnen schoten.

Ik dacht op dat moment al het grootste deel van mijn confrontatie met de man in de lege toiletruimte te hebben te-
ruggehaald, tijdens het vermoeiende proces waarin ik de
traumatische herinneringen in elkaar probeerde te puz-
zelen. Maar er was nog iets anders aan de hand. Andere herinneringen. Andere fragmenten. Onuitspreekbaar.
Misschien zelfs minder uitspreekbaar dan het verhaal dat
ik nu eindelijk in elkaar gepuzzeld had. Het verhaal dat ik
eindelijk onder woorden had gebracht.

Herinneringen aan een man binnen onze turnvereniging
die me als kind seksueel had misbruikt. Een man die ik aan-
bad. Een man die ik bewonderde. Een man die me meer dan
eens geschonden had.

Natuurlijk wist ik dit al. Het deel van mezelf dat in dat
ogenblik was bevroren, puilde uit van de herinneringen
aan ongepast contact dat hij met me had gehad; vol bevroren momenten tijdens massages die te ver gingen; bevroren momenten tijdens omhelzingen die niet goed voelden.
Hij had veel grenzen overschreden waarvan ik had gedaan
alsof ik ze kon negeren, maar op dat moment lukte het niet

meer. Hij had me jarenlang gemanipuleerd; een feit dat ik in mijn lichaam, in mijn spieren, wel doorhad, maar dat ik mentaal nooit had geaccepteerd. Op dat moment voelde het alsof de hele wereld op instorten stond. In plaats daarvan was ik het die instortte. Ik viel op de grond en zat daar, stijf bevroren, te huilen, verward, midden in het gangpad met alle potjes zoet en hartig.

Alles veranderde in glas en spatte uiteen: de fragmenten van mijn leven, mijn jeugd, lagen verstrooid om me heen op de vloer van Banana Joe's. Het werd wazig voor mijn ogen. De schappen met jam en chutney leken wel vloeibaar en elke vaste grens om me heen vervaagde.

Ik weet niet hoe lang ik daar heb gezeten. Ik weet niet hoeveel mensen me hebben gevraagd of het wel ging, of ik ergens over was uitgegleden. Ik weet niet wat er daarna gebeurde. Ik weet niet hoe ik ben thuisgekomen, maar voor ik het wist lag ik in bad, verwikkeld in een dagdroom waarin ik mezelf verdronk. Ik bedacht hoe pijnlijk en moeilijk het zou zijn, hoezeer ik het verdiend had, hoe zoet de verlossing na afloop zou zijn, dat ik misschien wel het walgelijke deel van mezelf kon verdrinken, waar misbruikers keer op keer op keer door werden aangetrokken. De schaamte overspoelde me net als het badwater en ik bleef er urenlang in liggen weken.

Daarna moest ik alle vormende aspecten van mijn jeugd heroverwegen; ik moest een sterke jonge topsporter veranderen in een slachtoffer. Een makkelijk doelwit. Niets bleef overeind staan, en ik wilde liever dood dan doorleven met deze openbaring.

Ik heb contact gezocht met een paar andere turnsters waarmee ik vroeger trainde. Ik was niet zijn enige slachtoffer.

Ik weet wat je nu denkt: turnen was toch het positieve deel van dit verhaal? Hoe kan ze dat nou voor ons verpesten?

Ik weet dat je dat denkt, omdat precies die gedachte op dat moment ook door mij heen ging. Maar mijn plicht aan jou is niet je te troosten of om je een gladgestreken en ongecompliceerd verhaal te bieden. Mijn plicht is om je de waarheid te vertellen. Want de waarheid is van belang, en het vertellen van de waarheid is van belang. Zelfs als het makkelijker is om dat niet te doen. Juist als het makkelijker is om dat niet te doen.

En dit is de waarheid: zodra je kwetsbaar bent voor trauma, zodra het zijn klauwen in je heeft gezet, gaat het elke keer weer met je aan de haal, keer op keer hetzelfde liedje, totdat je de confrontatie aangaat.

De waarheid is dat andere tieners die avond in 2007 gillend weg waren gerend bij het eerste teken van dwang van een enge man die ze niet kenden. Omdat ik als kind was gemanipuleerd, was ik ervaren in de bevriesreactie, en toen hij mijn hand vastgreep en me meevoerde, schakelde ik die in alsof ik een lamp aandeed. De waarheid is dat mijn verkrachting en het misbruik uit mijn kindertijd niet twee afzonderlijke gevallen van pech waren; ze zijn fundamenteel en onlosmakelijk met elkaar verbonden. De waarheid is dat als je een kikker in kokend water legt, hij er meteen uit springt, maar als je hem in lauw water legt en het zo langzaam opwarmt dat hij het niet doorheeft, het dier – dat op alle andere evolutionaire keerpunten heeft bewezen te kunnen overleven – levend aan de kook gebracht wordt.

Het is ook waar dat turnen me krachtig maakte. Dat het me een ervaring van belichaming gaf die de meeste tienermeisjes nooit zullen kennen. Dat het me het gevoel gaf dat ik onoverwinnelijk was, zelfs nu nog, tijdens het trainen. Niets daarvan was gelogen, niets daarvan wordt ontkracht door de waarheid van mijn misbruik. De twee feiten bestaan naast elkaar, in een vreemde en ongemakkelijke eenheid: het instituut dat mijn lichaam als tiener sterk en krachtig en autonoom had gemaakt, was hetzelfde dat me had voorbereid op de ultieme daad van schending die me permanent gehandicapt zou achterlaten.

De schaamte die me ervan weerhield mijn misbruik als kind te melden, is dezelfde schaamte die me ervan weerhield het vervolg ervan te verwoorden, en hetzelfde gevoel weerhield me ervan de hulp te zoeken die ik nodig had, tot het bijna te laat was.

In 1986 kwam er een jonge geneeskundestudent genaamd Larry Nassar bij USA Gymnastics werken als trainer. Terwijl hij zijn geneeskundeopleiding afrondde, klom Larry in rang omhoog binnen de groep medisch personeel rond het beroemde turnteam. In 1996 werd hij benoemd tot nationaal medisch coördinator voor USA Gymnastics, een positie die hij achttien jaar lang zou bekleden.

Hij heeft een paar van de beste atleten van het land getraind.

Naast zijn rol als arts was hij ook een mentor en vaderfiguur. Zijn reputatie was onbetwistbaar.

In de loop van 2017 en 2018 werd Larry Nassar veroordeeld voor het seksueel misbruiken van turnsters die aan zijn zorg waren toevertrouwd, en kreeg hij 175 jaar gevangenisstraf opgelegd. De rechtbank oordeelde dat hij meer dan 260 vrouwen en meisjes heeft misbruikt. Onder het mom van medische behandelingen nam hij jonge meisjes zonder begeleiding mee naar zijn behandelkamer en bracht hij zijn vingers naar binnen, in hun tien-, elf-, twaalfjarige lichamen. Zijn penis was stijf terwijl hij ze masseerde en aanrandde.

Ze lagen daar in een staat van complete bevriezing te wachten tot het voorbij was.

Toen McKayla Maroney nog actief was als Olympisch turnster, nam ze ooit met Nassar een internationale vlucht op weg naar een competitie, en gaf hij haar onderweg slaappillen. Toen ze wakker werd, bevond ze zich alleen met hem in een kamer en onderging ze een van zijn medische 'behandelingen'.

'Ik dacht dat ik die avond dood zou gaan,' zei ze achttien jaar later in de rechtbank.

Destijds was ze vijftien jaar oud. Ze was dertien toen het misbruik begon.

Chelsea Markham was tien toen ze werd misbruikt door Larry Nassar, tijdens een van zijn behandelsessies. Tijdens een wedstrijd het jaar daarna, viel ze hard op de grond. Hij had in het publiek gezeten, zei ze later, en telkens als ze hem zag, had ze flashbacks naar het misbruik en verloor ze haar evenwicht, vertelde ze. Het was de laatste keer dat ze ooit meedeed aan een wedstrijd.

'Hij heeft me pijn gedaan,' zei Chelsea tegen haar moeder op de terugweg in de auto na een afspraak waarbij ze door Nassar was aangerand.

'Hij heeft zijn vingers in me gestoken,' zei ze.

Maar niemand geloofde haar. Ze stopte met turnen en keek nooit meer achterom. In 2009 pleegde Chelsea Markham zelfmoord. Haar moeder legt de schuld van haar dood bij Nassars misbruik.

Alexis Moore en Olivia Cowan werden allebei tien jaar lang door Nassar misbruikt.

Jennifer Rood Bedford werd door Nassar misbruikt op een operatietafel. Ze mocht van zichzelf niets zeggen.

'Ik nam aan dat wat me was overkomen, alleen kon gebeuren als ik het zelf wilde,' zei ze, jaren later.

Jennifer was nog een maar kind, maar ze was oud genoeg om te weten dat zij de schuld zou krijgen. Oud genoeg om te weten dat niemand haar zou geloven.

Madeleine Jones was elf jaar oud toen Nassar haar begon te misbruiken.

'Ik weet nog dat ik daar stijfbevroren op tafel lag, vervuld van schrik, in de war en doodsbang,' zei ze. Net als haar lichaam op tafel, waren de woorden in haar keel bevroren en kwamen ze er bijna twintig jaar later pas uit. Deze ervaring, zoals de ervaring van zo veel sporters om haar heen, was onuitspreekbaar. 'Vóór iedere afspraak zat ik op de wc te huilen. En na elke afspraak kon ik niet wachten tot ik thuis was om te kunnen douchen, omdat ik me altijd zo vies voelde als ik zijn spreekkamer verliet.'

Zo beschreef Madeleine het misbruik. Ze beschreef ook de zelfmoordpogingen die voortkwamen uit de drang aan hem te ontsnappen.

'Ik begrijp nu dat ik nog leef omdat het de bedoeling is dat ik blijf leven. Het is de bedoeling dat ik gelukkig ben, en het is noodzakelijk dat ik in leven blijf om misbruikers zoals jou achter de tralies te stoppen,' zei ze in de rechtbank in 2018.

———

Zo veel van de meisjes die Larry Nassar misbruikte zeiden niets, zaten opgesloten in de stilte. Door een wereld die ze niet aan het woord liet. Maar niet alle meisjes namen dat pad – een paar meisjes stapten wel met klachten naar hun ouders, naar USA Gymnastics, naar hun coaches. In 1997 werd voor het eerst een coach op de hoogte gesteld. Dat is ruim twintig jaar voordat Nassar gepakt zou worden. Ruim twintig jaar voordat hij zou worden tegengehouden.

In 1999, 2000, 2001 en 2004 spraken meisjes zich uit. Al

hun beschuldigingen zouden meer dan tien jaar later in een historische rechtszaak gerechtvaardigd blijken. Al deze meisjes vertelden de waarheid. Maar toen hij destijds werd geconfronteerd met deze beschuldigingen, ontkende Nassar ze, en iedereen geloofde hem.

———

Door het besef dat mijn medesporters ook werden misbruikt in dezelfde sportzalen, dezelfde kamers, als ik, begon ik te bedenken wat er was gebeurd als we destijds, in het begin van de jaren nul, iemand hadden verteld over ons misbruik. En het antwoord lijkt duidelijk: al weet ik het niet zeker, toch vraag ik me af of met ons niet hetzelfde was gebeurd als met de slachtoffers van Larry Nassar die dertig jaar voor zijn veroordeling naar voren kwamen. Het is mogelijk dat we simpelweg niet zouden zijn geloofd. Dat is de waarheid, hoe je het ook wendt of keert. Dit feit is zo simpel, en tegelijk zo ingewikkeld. Ik begin nu pas te leren dat die twee dingen allebei tegelijk waar kunnen zijn.

Hierdoor werd ik ook gedwongen om, voor het eerst in mijn leven, te bedenken wat er was gebeurd als ik mijn verkrachting aan de politie had gemeld. Ik had nooit, maar dan ook nooit overwogen dat te doen. Om eerlijk te zijn is de gedachte niet eens in me opgekomen, omdat ik zo snel besloot vol te houden dat er niets gebeurd was. Ik wist – rationeel gezien – dat iemand, wie hij ook was, die avond een misdaad had gepleegd. Ik wist – rationeel gezien – dat ik zijn slachtoffer was. Ik wist – rationeel gezien – dat ik hem ervan moest weerhouden andere tienermeisjes te misbruiken. Maar om dat te doen, moest ik accepteren, toegeven, dat hij mij misbruikt had, en daar zou ik pas tien jaar later klaar voor zijn.

Dus werd mijn verkrachting niet aangegeven, om dezelfde reden als zo veel andere seksuele misdrijven: ik wist dat schaamte meer pijn kon doen dan de aanval zelf. Ik wist dat ik leefde in een wereld waarin de prijs voor het doen van mijn verhaal hoger was dan de prijs die ik al had moeten betalen. Ik was al zo veel kwijtgeraakt, en ik was bang, en ik was moe, en mezelf beschermen tegen andermans beschuldigingen was de enige weg die ik kon bedenken om de controle weer terug te winnen.

Ik stelde me het kruisverhoor voor. Ze konden me vragen waarom ik niet eerder naar voren was gekomen. Waarom was ik op een zaterdag gaan drinken terwijl ik pas vijftien was? Waarom had ik tegen mijn ouders gelogen over waar ik die avond heen ging? 'Wat had je verwacht dat er zou gebeuren?' zouden ze vragen.

Om keer op keer aan een vreemde in een kamer vol met andere vreemden te moeten toegeven dat dit me was overkomen, en dan nog te moeten volhouden dat dit me was overkomen, omdat ik ervan beschuldigd werd te liegen? Dat leek me minder draaglijk dan doen alsof het niet gebeurd was, dus de keuze tussen de twee opties was duidelijk.

'Waar is het bewijs?' zouden ze vragen.

Hun zoektocht zou niets opleveren. Elk bewijs van mijn verkrachting is door het doucheputje gespoeld op die avond in 2007, toen ik op de vloer zat te bloeden en janken en mezelf schoon schrobde. Het vervaagde samen met de blauwe plekken die hij had achtergelaten op mijn borst en buik. De plekken waarover ik had gelogen. De plekken die ik zo goed mogelijk had verborgen.

Ik had het bewijs begraven. Alles. Omdat ik er zeker van wilde zijn dat niemand ooit zou ontdekken dat ik zo iemand was die dit overkwam.

De kans is groot dat de man met het zakmes, zoals de meeste mannen beschuldigd van verkrachting, zou zijn vrijgesproken. Zijn advocaat zou het hebben over het gezin dat hij nu waarschijnlijk heeft – ik stel me voor dat hij inmiddels een jaar of vijfenveertig is – en de jury smeken om het leven dat hij heeft opgebouwd niet te laten verpesten door een vrouw met een tien jaar oude aanklacht. Ze zouden het over zijn carrière hebben. Over hoe ver hij gekomen is, over hoe treurig het zou zijn om hem dat allemaal af te nemen.

En hoe zit het dan met mijn carrière? Hoe zit het met de Olympische turnster die ik had kunnen zijn? Hoe zit het met het kleine meisje met de grote glimlach en de onwrikbare ambitie? Hoe zit het met de schrijfster, het meisje dat korte boekjes en gedichtjes schreef maar wier eigen verhaal haar gestolen werd? En hoe zit het met de advocate die de wereld wilde veranderen, maar die niet meer dan een paar uur achterelkaar overeind kan blijven zitten, zelfs op een goeie dag?

De jury zou niets over haar te horen krijgen. Behalve dat ze liegt, een verdorven geval is. Ik zou moeten toekijken terwijl ik werd afgeschilderd als het dwaze, wulpse meisje dat een avondje uit meemaakte dat te ver ging, en dat de volgende dag spijt had. Of als het meisje dat niet kon toegeven dat ze op haar vijftiende al geen maagd meer was, en dus maar een verhaaltje had verzonnen als smoes.

Ik wou dat ik kon zeggen dat ik de kracht had om het te proberen. Maar die had ik niet.

Sommige verkrachters vergaren vijftig tot zestig slachtoffers in hun leven. Als ik één van mijn beide misbruikers had aangegeven, als ik een poging had gedaan tegen de statistieken in te gaan, waren andere vrouwen dan gespaard gebleven?

Hoe kan ik dat mezelf ooit vergeven?

_____

In een essay van Leslie Jamison uit 2014, getiteld 'Grote algemene theorie van vrouwelijke pijn', schreef ze:

> Volgens mij verhult het afdoen van vrouwelijke pijn als al te bekend of op de een of andere manier gedateerd (twee keer verteld, drie keer verteld, duizend-en-een nachten verteld) dieper liggende verwijten: dat lijdende vrouwen een slachtofferrol spelen, zich laten gaan of liever zwelgen dan flink zijn. Volgens mij biedt het afdoen van wonden een handige smoes: je hoeft het jezelf niet langer moeilijk te maken met luisteren of vertellen.

Zo simpel is het. Het idee dat vrouwen niet te vertrouwen zijn, is het lapmiddel dat we als excuus gebruiken om niet meer de moeite te hoeven nemen om te luisteren of vertellen. We kunnen het ons niet veroorloven dit los te laten, de sluisdeuren open te zetten. Want hoe zouden we dan nog met onszelf kunnen leven?

Uit een onderzoek van de universiteit van Ohio uit 2011 bleek dat 66 procent van de ondervraagden het eens was met één of meer stellingen die in de literatuur worden aangeduid als 'verkrachtingsmythes', waaronder de stelling dat vrouwen liegen over verkrachting, dat vrouwen stiekem verlangen verkracht te worden en dat slachtoffers zelf schuld dragen aan hun seksueel misbruik. Houd in gedachte dat deze 66 procent slechts bestaat uit de ondervraagden die bereid waren hardop hun geloof in deze stellingen toe te geven.

We accepteren deze mythes om verlost te zijn van de verplichting om gedegen aandacht te besteden aan de waarheid van misbruik, het ongemakkelijke feit van vrouwelijk leed.

Uit onderzoek dat in 2007 werd uitgevoerd door het Australisch Instituut voor Criminologie, bleek dat een kwart van de deelnemers geloofde dat valse beschuldigingen van verkrachting veelvoorkomend waren. Deze deelnemers kunnen later in de jury van een verkrachtingszaak komen te zitten – en hetzelfde onderzoek toonde ook aan dat juryleden vaker hun eigen meningen en houdingen over verkrachting meenemen in hun overweging bij verkrachtingszaken, dan bij andere soorten misdaad.

Aan de andere kant horen we vaak over daders van lust-moorden – gevallen waarbij het slachtoffer zowel ver-kracht als vermoord wordt – die succesvol zijn veroordeeld. Dit plaatst de beroemde woorden van B.B. King in een gru-welijk nieuw licht: 'Don't ever trust a woman / Until she's dead and buried.' Oftewel: geloof nooit wat een vrouw zegt, totdat ze dood onder de grond ligt.

Het schandalig lage meldingspercentage van verkrachtin-gen in ieder rechtsgebied, wordt ook gedrukt door het idee dat vrouwen liegen over verkrachting. Het is de reden dat het grootste deel van al het seksueel misbruik jarenlang, of decennialang, verzwegen blijft. Sommige verhalen over misbruik worden nooit aan iemand verteld. Ze blijven eeu-wig onuitspreekbaar. Ze gaan mee naar het graf van hun slachtoffer.

Hoeveel waarheden zijn we kwijtgeraakt aan de mythe van de bedrieglijke vrouw? Hoeveel verhalen over misbruik zijn eeuwig verzwegen toen ze werden begraven met de li-chamen van de meisjes en vrouwen die niet met de verne-dering konden leven?

In het boek Eggshell Skull van Bri Lee, over de juridische behandeling van mensen die met hun misbruik naar de rechter stappen, bespreekt de auteur de waarschuwin-gen die rechters aan juryleden moeten geven bij bepaalde misdaden. Eén daarvan luidt: 'Houd deze waarschuwing in gedachte: louter het feit dat een verdachte liegt, biedt op zichzelf nog geen bewijs van schuld.' Ik zou heel graag willen weten hoe vaak juryleden dit idee toepassen op slachtoffers van seksueel misbruik, voor wie de kleinste inconsistenties in de details die ze zich herinneren, zo vaak worden gezien als bewijs dat de verdachte onschuldig is, als bevestiging dat ze liegt, dat het hele verhaal niets anders is dan een wreed verzinsel.

Hierop stelt Lee voor dat een speciale waarschuwing zou moeten worden gegeven bij zaken over seksueel misbruik:

> Houd deze waarschuwing in gedachte: statistisch gezien bestaat er een grote kans dat u zult aannemen dat deze vrouw liegt.

In 2015 schreef de New York Times over vier rechtszaken waarin vrouwen mannen beschuldigden van verkrachting, waarna ze zelf veroordeeld werden, en in een paar gevallen zelfs boetes en proeftijd kregen opgelegd, voor het indienen van een valse aanklacht van verkrachting. Jaren later kwam er bewijs naar voren dat de schuld van de mannen in elk van deze zaken bewees. Elk van die verkrachtingen had daadwerkelijk plaatsgevonden. Maar dat maakte niet uit. De waarheid kon de fictie niet overtreffen.

Het onderzoek van de Universiteit van Ohio uit 2011 toonde ook aan dat mannen die in verkrachtingsmythes geloofden, zelf vaker seksueel agressief gedrag vertoonden. Als ik zeg dat deze mythes gevaarlijk zijn, doel ik niet op een abstract gevaar: waar meer wordt gehecht aan deze mythes over verkrachting, komt naar verhouding ook vaker verkrachting voor. Dus de mythe dat vrouwen en kinderen liegen over misbruik legt slachtoffers niet alleen het zwijgen op, maar moedigt de daders bovendien aan. Nogal een effectief vergif.

Wat het verhaal van Larry Nassar me vertelt, en wat het verhaal van mijn eigen jeugd me vertelt, en wat ik heb geleerd van het schrijven van dit boek, is het volgende: de drang om aan te nemen dat vrouwen en meisjes liegen over misbruik zit diep ingeworteld. Stilte kan door dit feit ontstaan en groeien en volharden. Het is de zuurstof van schaamte. Het geeft haast niets om de bijzonderheden van onze situatie, of de individuele eigenschappen van welke dader of welk slachtoffer dan ook. Het is een gas dat zich aanpast aan het omhulsel waarin het zich bevindt. Het houdt alles zoals het is. Het zorgt ervoor dat we niet het ongemak hoeven dulden van het luisteren of vertellen. Het is een dodelijke gemakzucht.

April Ayers Lawson schreef een essay getiteld 'Abuse, Silence and the Light That Virginia Woolf Switched On' waarin ze ingaat op de reden dat we zo sterk vasthouden aan het geloof dat misbruik ingebeeld wordt. Ze schrijft:

> Het is al lang zo dat veel mensen zich veiliger voelen als ze misbruik toeschrijven aan fantasie of de behoefte aan aandacht, dan als ze toegeven dat er een kans bestaat dat het echt is.

Ik denk dat ze gelijk heeft. Het komt door de wanhopige behoefte aan ontkenning dat de afgedwongen stilte zo sterk is, zo compleet. Het komt doordat er zo veel op het spel staat: als we onszelf toestaan de waarheid te erkennen, zelfs maar een fractie ervan, zal het hele kaartenhuis ineenstorten. Het zal ons dwingen in te zien wat ik nu zie: dat misbruik al zo lang wordt geaccepteerd dat het een pathologie is geworden. Dat er overal geweld is. Dat er enorm veel medeplichtigen zijn. Dat misbruik dodelijk is. Dat stilte dodelijk is. Dat onze overlevingskans als vrouwen ontzettend klein is.

Daardoor, schrijft Lawson, worden de slachtoffers aangemoedigd de waarheid maar te slikken, te ontkennen, zelfs voor onszelf. Vooral voor onszelf.

Als Lawson een correcte diagnose heeft gesteld van de compulsieve gewoonte om van misbruik iets onuitspreekbaars te maken, als ze gelijk heeft wanneer ze suggereert dat het misbruik in stand wordt gehouden door ons onvermogen de feitelijkheid ervan onder ogen te zien – en ik denk dat dat zo is – dan is er maar één oplossing. We zullen toch echt de waarheid onder ogen moeten zien.

En dus moet ik mezelf vergeven. Ik moet mezelf verlossen van de schimmen van de slachtoffers die ik niet heb beschermd. Omdat ik nu weet dat ik ze niet veilig had kunnen houden, zelfs als ik dat had geprobeerd. Als de schaamte me niet het zwijgen had opgelegd, had andermans ongeloof dat wel gedaan. Onze cultuur van wantrouwen en beschaming van vrouwen is groter en sterker dan wie dan ook. Omdat ik in die wereld leefde, kon ik niets doen. Dat weet ik nu.

Er zat ooit een andere turnster naast me op de vloer van de sportzaal strekoefeningen te doen, met haar benen naar voren, haar tenen in een perfecte punt. Maar ze leek verstrooid, alsof ze in gedachten was verzonken. Ik ging naast haar zitten en vroeg waar ze aan dacht. 'Ik besefte net dat mijn benen maar tot hier komen,' zei ze, terwijl ze haar tenen aanraakte. 'Ik besef net pas hoe klein ik ben. Ik kan haast niet geloven dat dit is waar ik begin en eindig.'

Ik weet nu, jaren later, dat ze op dat moment werd misbruikt door dezelfde man die mij misbruikte.

Ik dacht destijds dat dit innerlijke mijmeringen waren van een sporter die te veel nadacht over haar lichaam en de werking ervan. Maar ik vraag me nu af of ik misschien niet binnendrong op een diepgaand moment in haar eigen verlies van proprioceptie: of haar lichamelijke vorm door haar misbruik uit elkaar viel, of ze uit haar lichaam stapte, recht voor mijn neus.

VII

Acceptatie is een kleine, stille ruimte.

CHERYL STRAYED
Schitterende kleine dingen

REFLECTIES

Tijdens het schrijven zijn mijn tremoren teruggekomen en ik ben doodsbang dat iemand ze zal opmerken. Soms moet ik een pauze inlassen omdat mijn vingers niet meer de juiste toetsen kunnen vinden. De pijn is soms nog steeds afmattend. Op sommige dagen poets ik mijn tanden nog steeds met bloed. Net als trauma zelf, is het proces cyclisch en onzeker, zonder duidelijke grenzen, een duidelijke eindstreep.

Er zijn nog steeds dagen waarop ik dood wil; op sommige dagen vraag ik me nog steeds af of er iets kouds en verrots in mijn binnenste zit, waardoor ik gedoemd ben tot een leven vol wreedheid. Er zijn dagen waarop mijn Crohn-verschijnselen zo erg zijn dat ik niet uit bed kan komen, en ik me ontzettend eenzaam voel, en ontzettend boos over het feit dat mensen het nauwelijks proberen te begrijpen, en ik alle hoop wil opgeven.

Op die dagen denk ik aan de laatste woorden van Bri Lee's memoires, waarin ze beschrijft hoe ze zich uitsprak over haar eigen misbruik:

> Wat doe je in de maanden en jaren erna? Als het winnen van de veldslag slechts je ogen heeft geopend voor de omvang van de oorlog? Je huilt en je huilt, en als je klaar bent met huilen, veeg je je ogen droog en sla je jezelf op de wangen en word je boos en ga je aan het werk.

Dus dit boek heeft niet per se een gelukkig einde. Maar het

biedt wel een hoopvol eind: ik weet dat ik mijn ogen droog kan vegen en mezelf op de wangen kan slaan en boos kan worden en aan het werk kan gaan.

Hier volgt wat ik van dat werk geleerd heb. Geweld is een systematische stoornis die het ene na het andere leven verwoest. Het is pathologisch. Het is net zo alomtegenwoordig als het verborgen is. Het is niet slechts de tekortkoming van een enkele roofzuchtige dader. Het is een tekortkoming op de grootst mogelijke schaal. Maar een nog sterkere pathologie is onze neiging het te negeren, uit te wissen, onzichtbaar te maken. De waarheid is dat stilte het donkerste gevangenschap is. Stilte is slopend en onnodig en ellendig.

Dus wat doe je als je ontdekt hoeveel schuld er is, uit hoeveel lagen deze teleurstelling bestaat?

Wat doe je als het winnen van de veldslag slechts je ogen heeft geopend voor de omvang van de oorlog?

Slachtoffers van geweld krijgen te maken met enorm veel structurele problemen, en veel daarvan zullen pas over jaren, decennia, generaties, zijn opgelost. Tekortkomingen van de wet en het rechtssysteem, het onderwijs, het zorgstelsel, van de regering en onze cultuur. De antwoorden heb ik niet. Ik weet niet waar te beginnen.

Maar ik heb wel een voorsprong: ik heb de mazzel dat wat mij is overkomen in bepaalde opzichten verbluffend uitzonderlijk was; het was een willekeurige daad van geweld, gepleegd door een wildvreemde in het donker. Statistisch gezien staan de meeste daden van seksueel geweld niet op zichzelf: ze worden ons aangedaan door mensen die we kennen en vertrouwen, in omstandigheden waarin de sociale en interpersoonlijke dynamiek het moeilijker maken voor slachtoffers om hun trauma te bevatten, of het moeilijker kan zijn om de grenzen van toestemming te bepalen.

Ik heb het onnoemelijke geluk gehad te zijn geboren in een lichaam dat ik wilde; een lichaam dat overeenkomt met mijn genderidentiteit en dat aanvoelt alsof het me past zoals het hoort. Ik kom uit de middenklasse en ben wit en de invloed die dat heeft gehad op mijn vermogen om hulp te zoeken, serieus genomen te worden, te herstellen, mag niet worden onderschat.

Als zelfs maar één van deze factoren niet in mijn voordeel was uitgevallen, had ik misschien niet beter kunnen worden. Had ik niet voor Elena kunnen kiezen. Had ik inmiddels misschien wel dood onder de grond gelegen. Omdat ik in deze zin zo veel geluk heb gehad – omdat ik nog leef – is het mijn plicht te getuigen. Te bewijzen dat x niet altijd gelijk staat aan x.

Het is moeilijker om gezien te worden dan het is om onzichtbaar te zijn. Het is moeilijker om getuige te zijn van leed dan het te analyseren. Tot we er klaar voor zijn om dat te doen, zal de omwenteling er niet komen.

Zoals de hoofdpersoon van Sally Rooneys *Gesprekken met vrienden* in het slot van de roman tegen de lezer zegt: 'Sommige dingen moet je beleven om ze te begrijpen. Je kunt niet altijd de analytische positie innemen.'

Een paar jaar geleden was Peter Levine op weg naar de zestigste verjaardag van een vriend. Het was een heldere winterdag in Zuid-Californië. Terwijl hij langs de weg stond, werd hij op hoge snelheid geraakt door een jonge bestuurder. Hij hield zijn adem in en wachtte op hulp. Op de een of andere manier is hij buiten levensgevaar gebracht en in een ambulance terechtgekomen. Het ambulancepersoneel probeerde hem sedatie toe te dienen.

'Nee,' fluisterde hij stellig.

Hij lag op de brancard en voelde zijn lichaam onbedwingbaar schudden, alsof dat van binnenuit gebeurde. De momenten van vlak voor het ongeluk gingen steeds opnieuw door zijn hoofd, alsof het nog steeds aan de gang was. Hij bleef ernaar kijken als naar een videoband en liet zich erdoor meeslepen. Hij liet zijn benen en armen wild rondzwaaien tot de paniek begon weg te ebben. Tot zijn spieren eindelijk registreerden dat het voorbij was.

Na een tijdje kwam zijn lichaam weer tot rust.

Peter Levine heeft zijn hele carrière gewijd aan de psychiatrie en specialiseert zich al dertig jaar in traumawetenschap. Door zijn eigen traumaonderzoek wist hij dat als hij bij bewustzijn bleef, hij zijn traumasymptomen meteen kon behandelen. Toen er nog tijd voor was. Hij wist precies wat hij moest doen om alle vecht-of-vluchtenergie te ontladen die zich tijdens het voorval in zijn spieren had opgebouwd. Hij liet zichzelf het ongeluk herbeleven, verdroeg de stuiptrekkingen, steeds weer opnieuw, tot de paniek hem losliet.

Hij liet zijn lichaam zo lang ook maar nodig was in de vecht-of-vluchtmodus blijven, en daarna was het voorbij. Levine ontwikkelde na het ongeluk geen symptomen van een posttraumatische stressstoornis.

Levine's baanbrekende onderzoek naar het genezen van trauma wordt gebruikt in ziekenhuizen over de hele wereld. Dankzij hem is het nu algemeen geaccepteerde kennis dat als er in de eerste momenten, misschien wel de eerste uren, na een traumatische ervaring goed gehandeld wordt, het mogelijk is om de meeste langetermijnsymptomen te voorkomen.

Wat Levine ontdekte, was dat als je jezelf toestaat de angst te voelen, de herinnering meteen na het gebeuren te verwerken, het lichaam de pijn laat ervaren tot die weg is, de herinnering niet meer in je binnenste blijft hangen.

———

In 1965 deed een jongeman genaamd Tom eindexamen op de middelbare school en ging hij in dienst bij het Amerikaanse leger. Hij bloeide op tijdens de militaire training en keek uit naar een carrière als luitenant.

In 1968 werd Tom uitgezonden naar Vietnam. Hij heeft een groep van zijn beste vrienden zien omkomen. Toen hij terugkeerde naar huis deed hij of hij een normaal leven kon leiden, maar hij werd al snel geteisterd door nachtmerries. Hij zag de momenten voorafgaand aan hun dood zich keer op keer in zijn hoofd herhalen.

Als hij ze in de steek laat – als hij geen nachtmerries meer zou hebben – dan zouden zijn vrienden voor niets zijn gesneuveld, zei Tom tegen Bessel van der Kolk, de psychiater die *Traumasporen* schreef. Hij kon de herinnering niet loslaten, omdat hij dacht dat hij zijn vrienden in leven hield door in dat moment te blijven hangen.

Tien jaar na Vietnam herkende hij zichzelf nauwelijks. Hij moest zich voortaan afzonderen tijdens de viering van de Amerikaanse onafhankelijkheid op 4 juli, omdat het geluid van het vuurwerk hem zo woedend maakte dat hij zichzelf niet meer in de hand kon houden. Telkens als dit deel van hem geactiveerd werd, raakte hij vervuld van een onbeheersbare razernij. Hij werd gewelddadig. Hij begon zijn vrouw en twee kinderen te mishandelen.

Dat is het moment waarop hij dr. van der Kolk leerde kennen. Al na zes maanden zeer gespecialiseerde traumatherapie waren Toms woedeaanvallen verdwenen. En ook de nachtmerries. Hij zegt dat hij sinds het afronden van zijn behandeling niet meer bang hoeft te zijn dat hij zijn kinderen pijn zal doen.

———

Het is een koude avond maar ik sta in brand. Ik sta zo hevig te trillen dat het voelt alsof mijn lichaam zijn vorm verliest. Mijn vriendinnen rennen naar me toe en houden me vast. Ik probeer de kreten in mijn keel niet tegen te houden. Ik krijs.

Ik adem de enige woorden die ik kan uitbrengen: 'Hij heeft me pijn gedaan.'

In plaats van mijn jurk tussen mijn benen op te rollen, laat ik mijn bloed over de stoep druipen. Als ik probeer op te staan, grijp ik naar mijn gepijnigde ribbenkast en val ik bijna om. Ik houd mijn borstkas vast alsof die anders zal knappen, ik voel de blauwe plekken en schrammen, de gescheurde spier, de gebroken botten.

Ik weet niet wat ik nu moet doen, dus zeg ik het opnieuw: 'Hij heeft me pijn gedaan.'

Ik sta toe dat mijn vriendinnen met me in de taxi klimmen en stuur de chauffeur naar mijn huis in Sydney, aan een straat vol bomen. Ik schreeuw nog steeds, maar daar ben ik me nauwelijks van bewust.

Eenmaal aangekomen word ik van alle kanten door mijn vriendinnen uit de taxi geholpen. Ze nemen allebei mijn armen vast en ondersteunen me terwijl ik naar de deur strompel.

We bellen aan en ik hoor de voetstappen van mijn ouders vanuit de woonkamer naar de hal komen. Ik hoor het brommen van het tienuurjournaal.

Tegen de tijd dat ze opendoen, sta ik voorovergebogen te janken, kan ik niet meer normaal ademhalen.

'Wat is er gebeurd?' vraagt mijn moeder.

'Een man heeft haar aangevallen,' antwoordt mijn vriendin.

'Bel een ambulance,' zegt ze over haar schouder, en mijn

vader grijpt de telefoon en draait het nummer.

Ik ben afgeleid door mijn weerspiegeling in het raam van een etalage, wanneer er een man naar me toe komt en vraagt hoe ik heet.

'Lucia,' zeg ik stilletjes, nog steeds afgeleid.

Hij komt dichterbij en ik weet dat ik weg zou moeten rennen. Hij neemt mijn hand in de zijne en trekt me naar zich toe.

Ik bevries niet als hij me aanraakt. Ik heb niet geleerd om vervreemd te raken van mijn lichaam en te wachten tot het voorbij is. Ik word niet slap en meegaand. Ik staar niet in het niets terwijl hij me meeneemt. Ik zet me niet schrap voor zijn aanraking.

Ik trek mijn hand uit de zijne en ik ren.

Ik ben de kikker die er meteen weer uit springt.

De taxi is donker en stinkt naar kots en voor me lijkt de weg te draaien. Ik zet mijn nagels zo diep in de huid van mijn buik dat ik die openkras. Ik bijt op mijn onderlip zodat mijn gejank niet ontsnapt. Ik proef bloed.

De chauffeur vraagt me niet om een verklaring en ik bied er geen. We rijden in stilte. Die van hem als vanzelfsprekend, die van mij geforceerd door mijn opeengeklemde kaken en vingers als dolken en een bloedende tong.

Hij stopt voor mijn huis. Ik woon in een rustige straat en er is niemand te bekennen. Mijn slaapkamer bevindt zich achter in het huis, als een aanbouw. Ik heb mijn eigen badkamer. Ik heb ook mijn eigen zijingang waardoor ik ongezien mijn kamer binnen kan glippen.

Ik strompel over het zijpad en buk zodra ik het woonkamerraam bereik, zodat mijn ouders geen glimp van me opvangen vanachter het tienuurjournaal.

Ik voel het bloed langs mijn benen lopen en bid dat er niets op het pad terechtkomt. Het laatste wat ik nodig heb is een spoor, bloeddruppels die als broodkruimels terugleiden naar het snoephuis.

Ik draai de sleutel in het slot van de zijdeur en duw hem zachtjes open. De tv staat op een hoog volume en mijn ouders merken niet dat ik er ben. Ik duik mijn slaapkamer in en sta een moment lang alleen maar voor me uit te staren. Ik ben me plots weer bewust van het bloed en strompel naar de badkamer en doe de deur op slot.

Ik draai de douchekraan open en wacht tot het water warm wordt. Ik probeer onder de waterstroom te blijven staan maar voel me te zwak. Ik laat mijn rug tegen de tegels vallen en zak op de grond, terwijl er zich een poel bloed rond mijn stuk Dove-zeep en omgekeerde fles conditioner verzamelt. Ik weet niet wat ik met mijn handen aan moet.

Ik laat het water vele lange minuten over me heen stromen. Mijn blik valt op een gebarsten tegel en ik denk aan het doffe geluid dat dik glas maakt als het uiteenspat.

Ik draai de warme kraan steeds verder open tot ik niets meer voel. Ik sta schaapachtig op en wikkel een handdoek om me heen. Nog steeds omwikkeld, kruip ik in bed en blijf ik roerloos liggen. Ik word koud en nat wakker, omhuld door een handdoek met daarbovenop een deken. Ik voel me gedesoriënteerd. Ik ruik sigaretten en spring onmiddellijk weer onder de douche om mijn haar te wassen.

Ik moet ervoor zorgen dat niemand die lucht aan me kan ruiken.

———

Het verschil tussen mij en het verkeersslachtoffer, mij en de veteraan, zit hem in de aard van ons trauma, niet in gradatie. Dat van hen werd aangekaart, niet omdat het schadelijker was dan dat van mij, maar omdat die mannen toegang hadden tot woorden waar ze hun ervaring in konden vatten; woorden die ze hardop durfden uit te spreken. Woorden die zacht in het oor klonken, die geen ongemak of walging opwekten; woorden die een ongebreidelde sympathie uitnodigden.

Woorden als 'auto' en 'ongeluk'. 'Geweerschoten'. 'Veteraan'.

Woorden als 'bel een ambulance'.

De ervaring van deze mannen had een taal, een dialect. Die van mij was onuitspreekbaar.

Er zijn heel veel roofzuchtige misbruikers op de wereld, maar de stilte zelf is misschien nog wel de meest duivelse van al. Stilte is dodelijk. Als het op herstel aankomt, vormt stilte de dunne scheidslijn tussen ziekte en gezondheid. Tussen waardigheid en vernedering. Voor sommigen, tussen leven en dood.

Ik kan geweld niet uitroeien. Ik kan niet alle vrouwen en meisjes beschermen voor de alomtegenwoordigheid ervan. Ik kan mezelf niet eens beschermen. Dat kan niemand. Geweld maakt geen onderscheid. Het is onvatbaar voor alertheid en voorzorgsmaatregelen. Het geeft er niets om dat je een omweg naar huis hebt genomen om dichter bij de hoofdstraat te blijven.

Geweld leeft buiten zijn slachtoffers om. Het is endemisch en zelfvoorzienend en waarschijnlijk permanent. Ik wou dat ik ons ervan kon genezen, maar dat kan ik niet.

Want de waarheid is dat als ik die avond in 2007 thuis was gebleven, de kans groot is dat er, op een andere plek op een ander moment, iets vergelijkbaars was gebeurd. Als ik die avond was thuisgebleven, is de kans groot dat de man met het mes iemand anders had aangevallen. Verandering van ons gedrag zal het feit van geweld nooit veranderen. Als slachtoffers kunnen we geweld niet uitroeien, omdat wij het niet hebben veroorzaakt. Het bestond al lang voordat wij er waren, en zal nog lang na ons blijven voortbestaan.

Er is niets dat ik aan mezelf of aan mijn leven had kunnen veranderen om te zorgen dat dit me niet zou overkomen. Dit is iets waarvan ik nu eindelijk de waarheid inzie.

Maar er is één ding dat we wel kunnen veranderen: de woorden waarmee we het afbakenen. De woorden die we gebruiken om de stilte op te vullen.

———

Tien jaar lang was het mijn wens te verdwijnen. Ik heb op elke voorstelbare manier geprobeerd mijn leven uit te wissen, van mezelf weg te rennen, mezelf tot offer te maken, was altijd op zoek naar de meest grondige en permanente daad van verdwijning. Maar ik kan het niet, en ik zal het niet doen. Want onzichtbaar zijn, zou betekenen dat ik het enige tastbare object moet opgeven dat ik te bieden heb: een waarschuwing in de vorm van dit verhaal.

Ik ben schrijver. Ik kan de wereld niet veranderen. Wat ik wel kan veranderen, is de omvang van de stilte. Het gewicht ervan. De manier waarop de stilte ons saboteert.

Door mijn pogingen deze ervaring uit te wissen, heb ik me er juist door laten tekenen. Ik wou dat ik dat had geweten. Maar dat wist ik niet, en dus zei ik niets. Toen ik wel een manier vond om de waarheid te vertellen, was het te laat. Mijn ingrijpen was niet opgewassen tegen een lichaam bevroren van angst en verteerd door ziekte. Het zal me nooit lukken volledig te herstellen, omdat er niemand was, vooral ik niet, die de moeite wilde nemen van het luisteren of vertellen. Omdat er niemand was, vooral ik niet, die geconfronteerd wilde worden met de mogelijkheid dat het echt gebeurd was. Vanwege mijn stilte is de schade die me is aangedaan, onomkeerbaar geworden. De waarheid van mijn leven werd het best uitgedrukt door Chelsea Williams tijdens het proces van Larry Nassar: 'Er zal nooit een moment komen waarop ik niet aan het herstellen ben.'

Dit is niet het verhaal dat ik voor mezelf had gewenst. Het is niet een verhaal dat ik iemand anders zou toewensen. Maar het is mijn verhaal, en het is te laat om het te herschrijven, en ik heb een manier gevonden om daarmee te leven. Het enige wat ik kan doen, is het vertellen, in de hoop dat mijn eerlijkheid over wat ik heb verloren, steun kan bieden aan vrouwen en meisjes om zich uit te spreken voordat het voor hen te laat is om te herstellen.

Acceptatie is een kleine, stille ruimte.

BIBLIOGRAFIE

ARMSTRONG, KEN EN MILLER, T. CHRISTIAN. "When Sexual Assault Victims Are Charged with Lying." *New York Times*, 24 november 2017, https://www.nytimes.com/2017/11/24/opinion/sunday/sexual-assault-victims-lying.html.

ATKINSON, MEERA. *Traumata*. Brisbane: University of Queensland Press, 2018.

ATWOOD, MARGARET. *The Handmaid's Tale*. New York: Anchor Books, 1998.

AYERS LAWSON, APRIL. "Abuse, Silence, and the Light That Virginia Woolf Switched On." *Granta Magazine*, 2018, https://granta.com/abuse-silence-light-virginia-woolf-switched/.

BACKMAN, ANN-SOFIE, PAUL BLOMQVIST, MAGDALENA LAGERLUND, EVA CARLSSON-HOLM, EN JOHANNA ADAMI. "Characteristics of Nonurgent Patients." *Scandinavian Journal of Primary Health Care*, 26, nr. 3 (2008): 181–87.

BAIRD, BLYTHE. "For the Rapists Who Called Themselves Feminist." Button Poetry/YouTube, 2018, https://www.youtube.com/watch?v=LJRKJ_z9iAk.

BOLIN, ALICE. *Dead Girls: Essays on Surviving an American Obsession*. New York: HarperCollins, 2018.

BORYSENKO, JOAN. *Minding the Body, Mending the Mind*. Carlsbad, California: Hay House, 2005.

BROWN, BRENÉ. *Daring Greatly: How the Courage to Be Vulnerable Transforms the Way We Live, Love, Parent, and Lead*. New York: Gotham, 2012.

BROWN, BRENÉ. *Listening to Shame*. TED/YouTube, 2012, https://www.youtube.com/watch?v=psN1DORYYVo.

BUTLER, OCTAVIA E. *Parable of the Talents*. New York: Warner Books, 2001.

CHEN, ESTHER H., FRANCES S. SHOFER, ANTHONY J. DEAN, JUDD E. HOLLANDER, WILLIAM G. BAXT, JENNIFER L. ROBEY, KEARA L. SEASE, EN ANGELA M. MILLS. "Gender Disparity in Analgesic Treatment of Emergency Department Patients with Acute Abdominal Pain," *Academic Emergency Medicine*, 15, nr. 5 (2008): 414–18.

COULTER, KRISTI. *Nothing Good Can Come from This*. New York: FSG Originals, 2018.

DAY, ELIZABETH. *How to Fail: Everything I've Ever Learned from Things Going Wrong*. London: Fourth Estate Books, 2019.

DICK, KIRBY EN ZIERING, AMY. *The Hunting Ground: The Inside Story of Sexual Assault on American College Campuses*. New York: Hot Books, 2016.

EDWARDS, KATIE M.. JESSICA A. TURCHIK, CHRISTINA M. DARDIS, NICOLE REYNOLDS, EN CHRISTINE A. GIDYCZ. "Rape Myths: History, Individual and Institutional-Level Presence, and Implications for Change." *Sex Roles*, 65 (2011): 761–773, doi: 10.1007/s11199-011-9943-2.

FALLEY, MEGAN. "Holy Thank You for Not." YouTube, 2017, https://www. youtube.com/watch?v=UF01_KA0M0w.

FENTON, SIOBHAN. "How Sexist Stereotypes Mean Doctors Ignore Women's Pain." *Independent*, 27 juli 2017, https://www.independent.co.uk/lifestyle/health-and-families/health-news/how-sexist-stereotypes-meandoctors-ignore-womens-pain-a7157931.html.

FERRANTE, ELENA. *My Brilliant Friend*. New York: Europa Editions, 2012.

FERRANTE, ELENA. *The Story of a New Name*. New York: Europa Editions, 2013.

FERRANTE, ELENA. *Those Who Leave and Those Who Stay*. New York: Europa Editions, 2014.

FERRANTE, ELENA. *The Story of the Lost Child.* New York: Europa Editions, 2015.

FOSTER WALLACE, DAVID. *Infinite Jest.* London: Abacus, 1997.

GAY, ROXANE. *Hunger: A Memoir of (My) Body.* London: HarperCollins, 2017.

GOUK, ANNA. "Only One Rape in Every 14 Reported in England and Wales Ends with Conviction." *Mirror,* 11 oktober 2017, https://www.mirror.co.uk/news/uk-news/only-one-rape-every-14-11323783.

HEALTHLINE. "Is There a Gender Bias against Female Pain Patients?", *Huffington Post,* 8 februari 2017, https://www.huffpost.com/entry/is-there-agender-bias-against-female-pain-patients_b_589b6b3ee4b061551b3e06ab.

HERMAN, JUDITH. *Trauma and Recovery: The Aftermath of Violence – From Domestic Abuse to Political Terror.* New York: Basic Books, 2015.

HOFFMAN, DIANE E. EN ANITA J TARZIAN. "The Girl Who Cried Pain: A Bias against Women in the Treatment of Pain," *Journal of Law, Medicine & Ethics,* 29 (2001): 13–27.

HUNT, KATE, GRAEME FORD, LEIGH HARKINS EN SALLY WYKE. "Are Women More Ready to Consult Than Men? Gender Differences in Family Practitioner Consultation for Common Chronic Conditions." *Journal of Health Services and Research Policy,* 4, 2 (1999): 96–100, doi: 10.1177/135581969900400207.

JAMISON, LESLIE. *The Empathy Exams.* London: Granta Books, 2015.

JAMISON, LESLIE. *The Recovering: Intoxication and Its Aftermath.* New York: Little, Brown and Company, 2018.

KAUR, RUPI. *Milk and Honey,* New Jersey: Andrews McMeel Publishing, 2015.

KAUR, RUPI. *The Sun and her Flowers*. London: Simon & Schuster UK, 2017.

KHAKPOUR, POROCHISTA. *Sick: A Memoir*. Edinburgh: Canongate Books, 2018.

KRASNOSTEIN, SARAH. *The Trauma Cleaner: One Woman's Extraordinary Life in Death, Decay and Disaster*. Melbourne: Text Publishing, 2018.

LEE, BRI. *Eggshell Skull*. Sydney, Australia: Allen & Unwin, 2018.

LEVINE, PETER. *In an Unspoken Voice: How the Body Releases Trauma and Restores Goodness*. Berkeley, California: North Atlantic Books, 2010.

LEVINE, PETER. *Sexual Healing: Transforming the Sacred Wound*. Louisville, Colorado: Sounds True Publishing, 2003.

LEVINE, PETER. *Trauma and Memory: Brain and Body in a Search for the Living Past – A Practical Guide for Understanding and Working with Traumatic Memory*. Berkeley, California: North Atlantic Books, 2015.

LEVINE, PETER. *Waking the Tiger: Healing Trauma*. Old Saybrook, Connecticut: Tantor Media, 2016.

LIFTON, ROBERT J. *History and Human Survival*. New York: Random House, 1970.

LUTZ, TOM. "Victim Impact Statements against Larry Nassar: 'I thought I was going to die.'" *Guardian*, 24 januari 2018, https://www.theguardian.com/sport/2018/jan/24/victim-impact-statementsagainst-larry-nassar-i-thought-i-was-going-to-die.

MAILHOT, TERESE MARIE. *Heart Berries: A Memoir*. Berkeley, California: Counterpoint, 2018.

MATÉ, GABOR. *When the Body Says No: The Cost of Hidden Stress*. London: Vermillion, 2019.

NELSON, MAGGIE. *The Argonauts*. Minneapolis: Graywolf Press, 2015.

NELSON, MAGGIE. *The Red Parts: A Memoir*. Minneapolis: Graywolf Press, 2016.

ROGERS, ANNIE. *The Unsayable: The Hidden Language of Trauma*. New York: Ballantine Books, 2007.

ROONEY, SALLY. *Conversations with Friends*. London: Faber & Faber, 2017.

SMITH, ZADIE. *Swing Time*. London: Hamish Hamilton, 2016.

STRAYED, CHERYL. *Tiny Beautiful Things: Advice on Love and Life from Dear Sugar*. London: Vintage, 2012.

TAYLOR, NATALIE. *Juror Attitudes and Biases in Sexual Assault Cases*. Canberra: Australian Institute of Criminology, 2007.

VAN DER KOLK, BESSEL. *The Body Keeps the Score: Brain, Mind and Body in the Transformation of Trauma*. London: Penguin Random House, 2015.

WOLYNN, MARK. *It Didn't Start with You: How Inherited Family Trauma Shapes Who We Are and How to End the Cycle*. New York: Viking, 2016.

YANAGIHARA, HANYA. *A Little Life*. New York: Doubleday, 2015.

Geraadpleegde vertalingen*

FERRANTE, ELENA. *De geniale vriendin.* Vertaald door Marieke van Laake. Amsterdam: Wereldbibliotheek, 2013.

FERRANTE, ELENA. *Het verhaal van het verloren kind.* Vertaald door Marieke van Laake. Amsterdam: Wereldbibliotheek, 2016.

GAY, ROXANE. *Honger: De geschiedenis van mijn lichaam.* Vertaald door Lette Vos. Amsterdam: Bezige Bij, 2017.

JAMISON, LESLIE. *Examens in empathie: Essays.* Vertaald door Maaike Bijnsdorp en Lucie Schaap. Amsterdam: Hollands Diep, 2015.

KAUR, RUPI. *De zon en haar bloemen.* Vertaald door Anke ten Doeschate. Amsterdam: Uitgeverij Orlando, 2018.

ROONEY, SALLY. *Gesprekken met vrienden.* Vertaald door Gerda Baardman. Amsterdam: Ambo|Anthos, 2017.

SMITH, ZADIE. *Swing time.* Vertaald door Peter Abelsen. Amsterdam Prometheus, 2016.

STRAYED, CHERYL. *Schitterende kleine dingen: Adviezen over liefde en leven van iemand die alles al heeft meegemaakt.* Vertaald Miebeth van Horn. Amsterdam: Cargo, 2012.

VAN DER KOLK, BESSEL. *Traumasporen: Het herstel van lichaam, brein en geest na overweldigende ervaringen.* Vertaling Jolanda Treffers. Eeserveen: Uitgeverij Mens!, 2016.

YANAGIHARA, HANYA. *Een klein leven.* Vertaald door Josephine Ruitenberg en Kitty Pouwels. Amsterdam: Nieuw Amsterdam Uitgevers, 2016.

* In enkele gevallen heeft de redactie de vertaling licht
aangepast.

DANKWOORD

Het schrijven van dit boek was het moeilijkste dat ik ooit gedaan heb, en elk woord van dank aan de mensen die me hierbij gesteund hebben, zal ontoereikend zijn. Maar ik zal mijn best doen: Bedankt Ellah Wakatama Allfrey, dat je me een kans wilde geven, en Ellah, Susie Nicklin, Alexander Spears en de rest van het team bij Indigo voor jullie steun tijdens dit proces. Jullie gaven me de energie om door te zetten en hebben een veel betere schrijver van me gemaakt. Door jullie hulp, steun en raad is mijn leven op heel veel vlakken veranderd. Mijn dankbaarheid kent geen grenzen. Woorden schieten tekort.

Ik wil mijn familie bedanken, zonder wie ik nooit voor Elena had kunnen kiezen. Ik had niets kunnen bereiken zonder de steun van mijn sociale netwerk, zonder de familieleden die ik ook mijn beste vrienden mag noemen. Ik zal me altijd vereerd voelen en ontzettend dankbaar zijn voor dat feit.

Ik wil al mijn lieve vrienden bedanken die me drijvende hebben gehouden tijdens dit moeilijke jaar. Bedankt FBC en iedereen die vroege kladversies van het essay en van dit boek las. Diezelfde mensen hebben me alles geleerd wat ik weet over moed, en alles wat ik moest weten om aan het schrijven van dit boek te beginnen, én het af te maken, waarvoor dank.

Ik wil mijn artsen bedanken, wier steun en toewijding me hebben geleerd, keer op keer, dat het oké is om hulp te vragen. Dat het oké is om nog meer hulp te vragen. Van alle lessen die ik tijdens dit proces geleerd heb, zal deze me het langst bijblijven. Dus bedankt Kamal, Tanya, Surya en al mijn andere behandelende artsen en specialisten.

Ik wil alle toegewijde schrijvers, redacteuren en kunstenaars bedanken die het originele stuk hebben gemaakt tot wat het was. Ik wil in het bijzonder Justin en Jini van *The Lifted Brow* bedanken voor de hele nachten die ze met me opbleven. Bedankt Hayley Gleeson en Julia Baird van het ABC, en bedankt Amani Haydar voor de illustraties die het originele stuk tot leven brachten. Bedankt Michael Salu, die het kunstwerk op het omslag van dit boek maakte. Het is een afbeelding die ik nooit zal vergeten.

En, natuurlijk, bedankt Saturnus.

ABOUT THE DUTCH EDITION

The publisher wishes to thank the author Lucia Osborne-Crowley for sharing her writing, her passion and her vulnerability, and for her friendship throughout the process of translating and editing.

Together we also wish to thank Susie Nicklin of The Indigo Press in London for her confidence in bringing this essay to Dutch readers.

And we are grateful to Callas, Camilla, Daisy, Joyce, Laurine, Inge, Michael, Steven, Marco and to our very own Elena.

OVER DE NEDERLANDSTALIGE EDITIE

De uitgever wil Lucia Osborne Crowley bedanken voor het delen van haar werk, haar passie en kwetsbaarheid, en voor haar vriendschap gedurende het vertaal en redactie proces.

Samen willen we ook graag Susie Nicklin van uitgeverij Indigo Press in Londen bedanken voor haar vertrouwen om dit boek naar de Nederlandse lezer te brengen.

En we danken ook graag Callas, Camilla, Daisy, Joyce, Laurine, Inge, Michael, Steven, Marco en natuurlijk onze eigen Elena.

Elte Rauch, Uitgeverij HetMoet – Open Archief
Amsterdam, 2020

ᴗPEN
ARCHIEF

Schrijf u in voor onze nieuwsbrief, ontvang exclusieve aanbiedingen en blijf op de hoogte van onze uitgaven en evenementen: www.uitgeverijhetmoet/nieuwsbrief

Volg Uitgeverij HetMoet:

🐦 @HetMoet_nl

📷 @uitgeverij_hetmoet

f @uitgeverijhetmoet